U0127456

期貨程式交易
SOP 曾永政

交易
策略

風險
評估

市場
波動

推薦序

認識阿政好久了，我在金融市場操作這麼多年以來，他是少見的期貨贏家。期貨市場比股票市場殘酷很多，傳說中交易一年以上還能存活的只有2%，所以能在期貨市場活很多年的，無一不是高手。

阿政能夠在期貨市場持續過關斬將的主因就是他是期貨程式交易高手。

從我剛認識阿政的時候，他就已經在研究程式交易，並且把程式交易實際應用在期貨操作上，是我看過對程式交易研究最透徹，而且還不斷深入研究的交易人。這也為他帶來比絕大多數散戶要好太多倍的績效，而且因為阿政都是用程式交易，所以他根本不需要看盤，每天都在想要去哪裡吃好料和度假。

因為程式交易已經全部自動化，阿政等於是養了一個會自動生錢的聚寶盆在家裡。

如果你能夠交易的資金比較少，又想要儘早靠金融投資（投機）致富的話，我很推薦你操作期貨，畢竟要靠基金這種預期報酬低的投資工具賺大錢必須本金夠大，只有五萬十萬要賺到大錢是不可能的。但是利用期貨的高槓桿，即使本金只有十萬，還是

有可能兩年賺到一百萬，即使虧掉也就是五萬十萬，用有限的風險去博取無限的利潤是聰明的。

要如何才能利用期貨投機賺到大錢？

程式交易是大賺小賠、持續獲利的贏家法則，這是不會變的。幾乎所有的外資法人都是用程式交易在操作。

沒有一種交易工具是無敵的，也沒有不勞而獲的事情，並不是今天你看過這本書，明天就可以每戰必勝、資產上億，但是這本書讓你可以少走很多冤枉路，減少你學習過程被迫花掉的學費和時間，因為阿政就是期貨程式交易高手，他早就碰過你即將會遇到的挫折與失誤。

例如說書中有特別講到「歷史資料過度最佳化」，這是每個程式交易人都會陷入的甜蜜陷阱，只要用過一次就很容易上癮，但是卻會讓你越賠越多，沒有前輩點醒你就永遠不會知道這是錯誤的。

我必須老實說能夠讓他帶你入門是幸福的。

楚狂人

作者序

　　這本書規劃成適合尚未接觸、想接觸程式交易的人有個初步的工具書可以參考；已經會寫程式的人可以看到該注意的程式開發流程，更適合不論手上的策略程式是否自行開發的人，如何在程式上線前做好準備。

　　我這約莫八年的程式交易經驗，可以帶給讀者在真正踏入交易世界之前，更多的實相窺探，還能減少未來在交易上所走的彎路，甚至是死路。

　　報章媒體創造了太多金融市場的神與掏金夢，即便有些案例有其真實的一面，卻也被灌水膨風營造成我們都可以輕易快速地「有為者亦若是」。然而事實的真相絕不是如此美好，在達成獲利之前必須經過多少的挫折，而挫折的承受卻又不必然可以轉換成未來的成功。

　　在這本書裡，儘管我會在書中做交易策略的舉例以解釋要表達的東西，但不會像台灣市面上幾乎每一本財經書籍那般，教人如何操作。我提供的是建立交易事業的方法、流程，用宗教的詞彙來說，是一種法門。

　　我們可以藉由這個法門去建構與審視自己的交易方式到底有沒有可能可以在市場上獲利？如果有，強化信心一步步地執行下

去；如果沒有，早一點離開或是根本不進市場，也會是一個人生的明智選項。畢竟，不是每個人都適合做交易。

為了讓本書的內容盡量涵蓋想要從事交易的人都需要的內容，會有一部分可見於我上一本的著作《期貨操作不靠內線》，還請見諒。

希望這本書的出版能夠給一般投資大眾有接觸程式交易的機會，一窺用著固定而笨拙的方式讓電腦自動做交易的人，竟然比自行操作的聰明人能存活更久的法門到底是什麼。

我想再次強調，這本書與我個人都不會提供什麼厲害的市場分析方法，我想做的是把這樣的運作流程介紹給你，讓你可以開發自己的交易模式，篩選掉完全沒有獲利機會的分析方法，更建立排除外界種種誘惑的信念，這才是程式交易最大的價值所在。而這也是我這些年接觸到許多朋友所欠缺的。

不要以為開發出一套歷史回測出來績效很棒的策略，就從此可以躺著賺了，請別這麼天真，天下沒有好賺的錢，所有的獲利還是建立在辛勤的工作，只是辛苦的部分不同罷了。

學會把交易的想法編寫成程式，只是程式交易的入門，掌握開發策略的流程是更重要的關鍵。避免用高獲利而低風險的回測報表假象自我欺騙，在真實上線之前的系統停損準備工作，更是不讓人生因為交易而Crash的智慧。

目錄

第一章
為什麼程式交易？

交易
策略

風險
評估

市場
波動

▌交易是種投機

還記得我們當初走進證券、期貨公司開立第一個帳戶時的情景嗎？這些年來，我前前後後也開了幾個帳戶，但在後期的日子裡，我不再開立證券帳戶，新開的都是期貨帳戶，因為大約在2005年我就已經決定了不去操作股票了。

請回想一下，在你開設交易帳戶的時候，是否記得在那好多好大張的開立帳戶約定書上，營業員用他不知畫記過多少個滅頂的投資人的那隻善良鉛筆，這邊圈一個那邊圈一個，請你在這裡簽名在哪裡簽名，然後大致解說開立這個帳戶的相關權益、風險brabrabra。重要的是，在這個開立帳戶總約定書上有一個選項，我總是很鄭重地打勾。是什麼呢？

您開立這個帳戶的目的： ○投資 ○投機

還記得這個嗎？在我的開戶經驗中，有不少比例的營業員會對於我勾選了「投機」這個選項，露出一點訝異或是說不解的眼光，如果我有閒暇注意到營業員有這反應的話，通常我會問：「怎麼了？我不可以勾這個嗎？」怎麼會不行？只是大多數人勾選的會是：投資。

在本書的起頭，我從描述開戶的場景開始，是希望讓我們一起慢慢建立起這個打從一開始就該很慎重確立的觀念，也是一個很重要而嚴肅的課題，誠實面對自己，不要忘記自己最初的想望。你是來投資的嗎？你知道投資與投機的差異嗎？你的交易會是投資嗎？而期貨的交易會是投資嗎？在股票上大家習於處理的方式可以沿用到期貨來嗎？

我想，很少人是沒有接觸過股票交易就直接想要來交易期貨的，而多數人交易股票最初是想要參與公司的成長，以股東的身分，分配公司的盈利嗎？誠實地問自己一下，是這樣的嗎？報章媒體以及汗牛充棟的財經書籍尤其是牽涉到股票交易的，有多少比例是教我們徹底了解一家公司的上下游產業，把買進股票當成是打算經營一家公司，至少是合夥經營的程度去研究公司的可能未來？很少吧！絕大多數是教我們在哪些狀況下買進，哪些情形賣出（其實講賣出的也很少）。這其實就是教導人快速地去賺取股票價格波動中的差價，這也就是你想要的，不是嗎？如果不是大多數的投資人真正想做的是賺取價格波動中間的價差，怎麼會有這麼多書籍出版品的供給出現在市面上？

從現在起，誠實的面對自己：我開立交易的帳戶，不是來投資的，我只是想賺價差，我是一個投機客！

這件事情到底有多重要？重要到很可能就是這個心態的確立與否，就能決定了你能在市場上存活多久，是否有獲利的可能了。那麼，你是投資人或是投機客是不是很重要？如果你很誠實的審視後，依然認定自己是位投資人的話，那麼這本書對你就沒有幫助了，放下它吧。

我是這樣定義投機：帶著**準備承受**的風險，投入一場又一場有可能獲利的機會。注意：「帶著準備承受的風險」。風險是你在投入獲利機會之前就先準備好的，風險承受的順序與位階是擺在獲利機會之前的。

交易的過程，決策實際上是每分每秒都在進行。一旦我們交易的定位是投機，所投入或準備投入的標的物價格就致關重要，因為可交易的價格直接決定每一場的交易成果。也由於投機的成果只與價格有關，所謂的價值就一點都不重要了。所以，從現在起，既然我們是交易的投機客，讓非價格以外的因素去影響我們的交易決策就會是錯誤的。

價格就是交易過程決策的最重要因素，只要你我還是個投機客的話：我們想要的與要做的，就是在願意也只有可承受的風險下，企圖擷取那段價格波段產生的價差：獲利。投機不來什麼價格低於價值就可買進，等待市場還它公道那一套。投機交易如

此，本書要談的程式交易更是如此。

投機：只關注價格，在可承受的風險下，擷取獲利。交易，是種投機。期貨交易當然更是投機。

在以上的前提下，期貨的投機交易最佳管道就出現了：程式交易，只關注每一個當下價格變化迅速做出決策與執行的交易方式。特別是對一般散戶大眾來說，我相信程式交易絕對是從事期貨交易的王道。

期貨相對股票的優點

▶ 期貨是超高風險的商品？

交易的標的，我與大家一樣都從股票開始，所以我接觸股票的時間比期貨要早得多，之前發生的經驗與棄股從期的經過在前作《投資路上酸甜苦辣》與《期貨交易不靠內線》內有所提及，有興趣的話可去翻閱。經過了這些年之後，作為投機交易的標的，期貨相對於現貨（股票）優點實在很多，然而最大的優點我認為就是多數人眼中的缺點：結算！以下讓我慢慢解說。

在談期貨相對於股票的優點之前，我想先破除大家認為期貨

是超高風險商品的迷思。

　　期貨給人非常高風險的原因不外乎不管新聞上或是身邊親友，不時可以見到交易期貨或選擇權這類衍生性商品的人，被追繳保證金或是直接斷頭的消息。這是的確會發生的事實：看錯行情接著拗單卻又資金準備不足，而期貨商因為有風險控管的規定，必須把客戶斷頭出場的狀況。即便是市場上有過豐功偉業沙場老將，都有可能一役近墨，這種案例2011年的8月才剛發生。但問題在於期貨、選擇權本身嗎？當然不是。

　　台指期每一個最小跳動價格的價值是兩百元，如果一百點的漲跌就是兩萬元的價值，而一天發生兩萬元的損益是多還是少？這得看投入多少資金在其中操作來評量了。寫書的這時候，期交所規定的最低一口保證金約八萬元，如果你交易一口台指期只放入八萬元，那這兩萬元的損益就是本金的百分之二十五，一天內發生，對於習慣操作台灣股票的人來說，最多漲跌停也不過有百分之七，看似是約三倍半的損益幅度，因此期貨風險遠比股票要高得多。而事實是這樣嗎？

　　請想一下，當我們在交易股票的時候如果有一百萬的資金，所謂漲跌停板百分之七的損益，可是要我們把所有的資金全部砸進去，也就是Show hand，才真的對我們投入的資金有七個百分

比的損益。如果用上融資或是融券計算呢？那損益的幅度只有七個百分點嗎？當然不是。因此所謂的損益幅度計算其實必須要用實際放投入的資金去看待，交易不是用人家規定的最小交易準備金額去當分母來計算損益幅度。

那麼，期交所規定大約八萬能交易一口台指期，但有規定如果我有八十萬可以用來交易，我就必須要下十口嗎？沒有吧！就算我在帳戶裡放了兩百萬，但是我只下單交易一口那也是隨我高興的，不是嗎？如果我拿一百五十萬只下單買一口，很倒楣地碰到大跌四百點，這一口得虧掉八萬元，請問這對我造成多少百分比的損失？

八萬÷一百五十萬＝五點三多個百分比

很明顯的，所謂期貨高風險印象在於超高幅度的損失，這其實來自於我們個人的不自制，我們竟然把交易的數量多寡交給期交所去決定了。交易就是一種競爭、作戰的行為，有什麼比把自己的自主權輕易的交出去更蠢的事情呢？已經有越來越多人懂得買股票時盡量、甚至絕對不要用融資。融資就是擴大槓桿的使用，把一塊錢當兩塊用，你可以拒絕而不用融資去買股票，那麼能不能不要在交易期貨的時候也拒絕用那麼高的槓桿？是的，我們當然有這個權力，風險來自於輕率的使用槓桿，而不在於商品本身。

現在我們應該可以了解，期貨是超高風險的商品是誰造成的了吧？就是自己啦！

▶ 期貨的流動性比股票好太多

什麼叫流動性？流動性就是當我要買進的時候，一方面買進成交的價格不會距離目前的成交價太遠，一方面也不會因為我要買得多一些，就得付出更多更差的成交價，相對的如果我要賣出也亦然。

期貨比股票具有更好的流動性，尤其最近幾年的狀況越來越好了，現在每天台指期的日成交口數都有七、八萬口，量多一些的時候甚至十幾萬口也不是什麼新鮮事。這類比到股票上，可以想像成全年每天都有七、八萬張的成交量，我想這麼多的成交量，要讓一般散戶來交易應該是綽綽有餘了，我自己的交易都是丟市價單下去成交的，通常都可以買外盤賣內盤。除非你的資金量大到一次要下百口以上才需要另作考量，要不然我想這樣的流通性對大家來說絕對足夠。

但是，如果只是成交量夠大，讓我們在交易的時候不太需要付出滑價的代價，那真的沒什麼了不起。在台灣，對於投機交易的人來說，如果要選擇股票作為標的，事實上還是存在著許多不

公平。量很大的股票，通常不是波動幅度小（別忘了投機是要來賺價差的），要不然就是對往下操作（放空）的條件嚴苛，股票市場本來的設計就是讓企業以直接管道籌募資金、讓投資人參與及分配企業成長的利潤，注意到了嗎？它的設計是給**投資人**參與的，不是投機客，偏偏台灣股民的初衷就都是要來投機的，要投資的還真是鳳毛麟角。

台股雖然已經對平盤以下不准放空的規定對更多的股票鬆綁，不過要全面鬆綁我想可能性還是很低。但是，真正能提供大幅度波動的標的卻通常在小型股身上，要那些成交量大的大型股翻個五成一倍，難度真的挺高，這會讓容易進出的股票價差不夠，但是價差夠的股票卻又進出不易，這也是一種流動性不足。

期貨則完全沒有作多、作空條件不對等的問題，也沒有哪一邊成交量不夠的問題，在股票上想要做空還得要有夠多的融資餘額才能產生券源咧。期貨的多空交易方式對等、公平，成交量也大，波動幅度更是不在話下，作為投機的商品，是一個非常好的選擇。

在股票上會有籌碼額度的問題，在期貨上也不會有，如果我們持有空單，碰上公司例行性的股東會或是開什麼臨時會，就必須強制空單限時回補，這種事在期貨上也不會發生。

▶ 從股票上投機獲利難超過期貨

相信大家看多、聽多了股票操作的課程或節目都知道，股票獲利有三大要件：判趨勢、抓主流、斷轉折。

首先我們得判斷現在大環境（大盤）的方向是多頭還是空頭，如果已經處在空頭市場（如2008年）買什麼股票有多大差異？有啦，有些腰斬，有些是腰斬再腰斬，更衰的或許下市。

判斷大盤至少不是在空頭走勢下，還得抓出盤面上一千多檔股票中哪一些產業、哪一些族群是所謂的主流領頭羊。也就是只要大盤上漲，他們一起漲得比大盤多，大盤穩住他們還能小漲，整個波段看來就是比大盤還強的一群彼此有相關性的公司，這就叫主流。

最後呢，大盤的走向判斷對了、也抓到了主流類股是哪些公司了，總是要買進的吧，於是我們還得要有判斷短線下修差不多了，或是看來低點已經過去接著往上的斷轉折功力。

捫心自問一下，要從股票上賺價差就必須有這三個步驟三個方面的能力，你……都有嗎？且不論自己有沒有這三項功力，交易期貨至少就不需要三個都有，光是去除抓主流這一項就讓難度減低三分之一，如此是不是可以感覺一樣是投機賺價差，交易期貨就比交易股票要來得容易？

　　以我個人的經驗，抓主流還得選個股，當大盤真的如所判斷的處在多頭走勢，眼睛看著整面報價牆到處發紅時，自己手上的股票卻漲得不夠甚至小跌，選個股的信心當場就大受打擊，於是賣了手上的，去追看來更強的，追進後又遇到小回檔，這就開始了抓龜走鱉的多頭下的慘案循環。什麼賺指數賠價差都是瞎扯，賠掉的價差是真的，沒有買期貨去哪裡生指數來賺？

　　如果我們真的能判趨勢、斷轉折，大盤也真的能波段上漲或是波段下跌，只要買進或是放空台指期，根本沒有大盤漲兩百點，手上股票小漲或下跌這種鳥事。更不會有大盤漲了兩千點，竟然因為自己不斷的抓主流、選個股，造成連十個百分點的資金成長都沒有，這種其實還是有賺卻叫人氣憤扼腕的情緒。更不談大盤都歌舞昇平了，自己卻沒賺到多少錢而加碼投入想要扳回面子、或追趕進度、或想軋空手，都會在之後帶來多大的災難了。

交易程式化的必要性

　　本來在寫這個章節的時候，所訂的題目是「期貨交易程式化的必要性」，仔細思考後，索性拿掉期貨兩個字。我認為所有立基於投機的交易行為根本都應該要先程式化，尤其是對一般的散戶大眾來說。也許你聽過程式交易，但是也通常會認為那是法人機構才能作的，我卻說散戶大眾更應該採用程式交易，我想這會顛覆不少人的觀念。

　　在市場上投機的人，很少有一開始就有自己的交易策略，大多是道聽塗說而來的，這沒什麼關係，最佳的學習也是從模仿開始，聽聽別人怎麼做是個好的起步。畢竟要從空白的狀態，自己看盤、自己摸索去累積出好像可能可以獲利的模式出來，所耗費的時間成本實在無以量計。

　　問題是，當我要去聽去看去模仿別人的交易方法，我怎麼知道這麼方法是不是有效的？坊間多有教導股票操作的秘技，教量價關係、教缺口理論、教K線訊號、教移動平均操作，什麼都有，什麼都教，什麼都不奇怪，全部都學卻全部都不會！金融交易的確需要堅持不懈的努力，問題是能不能確定自己堅持的東西是對的？

幾乎所有的書籍，不論是素人或是法人大師出版的，我還真找不到哪一本書或是哪一個理論不強調交易模式與紀律的重要的。我猜，如果跟你說交易是隨性著來，大概就沒有人要掏錢買單了，因為大家本來就是隨性著來也就隨性著賠，不是嗎？隨便來我自己就會，還要買書來學？就是因為深受其苦，才會想要進修嘛，買書也是要錢的。

在《讓證據說話的技術分析》中說：「不能量化的分析，連知識都談不上」這句話我是憑大意印象轉錄的。這句話也是我對這上下兩冊的書總歸意旨所在。該書作者把市場上所有應用的技術分析方式分成主觀分析（比如波浪理論）與可量化的分析（比如技術指標、均線）兩類，並且直言知識的價值在於可讓他人重複實現。如果不能用來重複實現的話，就連知識都談不上了，換言之，如果不能用歷史去驗証某方法是否有效的話，講難聽一點跟Bull shit沒有什麼差別。

什麼叫做可量化的分析方法？其實判斷很簡單。記得前面我講到交易的決策其實是每分每秒都在進行的，持續保持空手不進場是判斷的結果，買進後抱著不動不出場是判斷的結果，放空後不加碼不翻多也是判斷的結果，這些判斷都是無時不刻在進行著。因此，可量化的分析方法就是，隨時都能回答當下對於部位應該要做什麼動作的方法。我強調「隨時」！每一秒，每一個

Tick跳動都要能回答：買進、放空、續抱，或是空手。沒有模糊的空間，持續而一貫的規則。

為什麼要這麼極端地要求分析方法必須如此斬釘截鐵而沒有模糊空間，否則就連知識都談不上，乾脆當做神諭算了？因為，這就是交易啊，交易本身不是就這幾項單純的決策結果嗎？難道作交易決策還要像公司開會一樣，一天到晚開會，卻是每會不決，搞得大家只會開會，卻什麼動作都不會？這種狀況要是發生在個人的交易上，大概只有一種後果，而那個結果我不想說得太明。

既然分析的方法必須要能產生出交易的決策，還要能隨時回答，我想大概真的除去能量化判斷的方法之外就沒有了，因為只有能量化的方法才會沒有個人詮釋（模糊）空間，隨時都能告訴我要做什麼。

再來，交易上嚴守紀律的重要性幾乎是被再三強調也不為過的濫觴，既然有「紀律」兩個字更加意味著有規則的存在。如果分析的方法必須量化才有價值，而且交易的過程絕對必須嚴守紀律，我可以大膽地說：除了程式交易沒有別的了。

不管你的交易方法的來源為何，同梯小李好心分享、活水大師惟恐天下不知地花錢買媒體放送、神祕素人自創心法授課學

來、午夜夢迴神明託夢、天縱英才自己創造，都好，能賺錢都是好方法，只要這個方法是可以量化的！能把現在的情況丟進去處理後產生出三選一的答案：多、空、空手。那就可以寫成程式了，有什麼決策方式會比顯示在畫面上直接告訴我們每一個當下的判斷結果更清楚呢？

能被寫成程式的交易方法肯定是可以量化的分析方法，而既然能寫成程式，加上了歷史資料就能做出假設，假設我在十年前就得到這項秘技，那麼在台指市場上用這套方法去交易的結果會是怎樣的成果了。這就叫做歷史回測。

請問有人願意使用一套方法，過去十年用下來賺不到錢，卻相信這套方法從明天起開始有效的賺錢嗎？那有人願意用一套從來沒有驗證過是否連過去幾年能不能賺錢都不知道，卻從明天開始把錢砸下去的？坦白講，前者幾乎沒有，後者卻很多。只是，絕大多數人的交易成果已經告訴我們後者有多危險了。

交易的程式化可以做到分析方法的歷史回測，不見得就可以幫你找到必賺的方法，但是可以直接刷掉許多幻想。每一個幻想的破滅都需要不小的金錢代價，散戶大眾經不起多次的破滅，法人可以，因為他們賠的不是自己的錢啊。

交易的程式化可以進一步的演化成程式全自動交易，當分析

方法告訴我該動作的同一秒鐘，毫不遲疑地立即在市場上執行動作，這就做到了嚴守紀律的確保。因此我說：程式交易是一般散戶大眾在期貨市場投機的王道。光是刷掉你所接觸到的幻想就可以省下多少金錢的損失，換來在其他有效方法成功執行的機會。

請不要跟我爭論程式交易賺不了大錢，作不贏主觀交易，國際投機巨鱷索羅斯也不是程式交易，交易績效一級棒、賺大錢！你不是索羅斯，搞不好手邊連支「羅賴把」都沒有，甚至要去哪邊找螺絲來鎖都不知道！而且沒有大量曝光不代表就沒有。

減少無枉的錯誤，盡量保留資金，更別把錢砸在沒有驗證過的分析方法上，是期貨市場投機求生存的第一步，如果連存活都有困難，遑論賺大錢。可曾聽說期貨市場的三年存活率低於三個百分比？比得癌症還慘啊！務實面對自己擁有的條件是很基本的智慧。

▌國內可用的資源

有人說，如果做程式交易的人很多，就會讓做的人全部一起完蛋。因為程式交易是分析決策發生到執行完畢常常都在一秒內，如果用的人多，恐怕光是彼此搶價而造成滑價狀況就越來越多，只是付出真實交易時的滑價成本就把價差獲利消耗殆盡。我覺得，這是杞人憂天。

程式交易不過是交易的一種方式，不是提供分析的方法，每個人各自發展自己的方法所產生的訊號怎麼會相同？既然連決策後的訊號都不同，更何來彼此搶價的問題？而且，程式交易被我當成交易的一種**法門**來看待，它的價值不在於從決策訊號到執行完畢的快速，而是在真正把錢投入到某種分析方法之前的事前評估，這個評估的過程讓我們更能對即將投入的交易模式有更多的了解與未來運作的預期，不會盲目操作，這才是程式交易真正的價值所在。

回想起多年前我決定要以程式作為期貨交易的方式開始，到現在國內可以取得的軟體以及可供學習的資源，可以取得的資源實在是增加太多了。

可以做到因應個人需要，自行編寫程式碼以實現各種想

法，還要能真的把交易策略的訊號作連結到自動下單動作，人只需要維護電源、網路或突然有軟體當掉去救援一下的軟體平台，就我個人曾經使用的有三種：HTS、TradeStation 2000i、MultiCharts。自行在網路上搜尋這三種軟體的名稱應該不難找到取得的管道及需要支付的費用。

以我個人使用的經驗，如果你想要盡量減少剛開始初步學習程式交易的費用，我建議從HTS入手會是最經濟的選擇。如果要考量到未來真實上線全自動交易的穩定性與策略開發時對想像力的支援能力，我會推薦MultiCharts，至於TradeStation 2000i我認為因為MultiCharts已經在國內有代理商也提供不錯的服務後，完全不需要考慮了。不過TradeStation 2000i在目前國內使用的人口應該還是佔多數，因為它的歷史最久，基本上HTS、MultiCharts都可算是TradeStation的徒子徒孫啦，通稱為TS like，學習其中任何一種平台的語法，其實要通用到其它的幾乎可以算是無痛轉移。

對於初學者，我建議先從HTS入手（少花錢），摸懂了程式交易的運作方式，作些什麼、語法編寫，再轉移到MultiCharts去。

在學習資源方面，網路論壇也可以到「程式交易聚寶盆」、

「CoCo研究院」等，都有不同的前輩在其上願意分享討論。

還有我個人的Blog「阿政的投機生活」：http://yctseng.net。在這上面我不時會釋出一些常用的範例，個人的交易經歷與感想，歡迎訂閱。

本書從下一章開始將進入比較艱深辛苦的範圍，也就是程式語法的介紹。

開始介紹所謂程式交易的一些**日常**工作，其中會盡量採用多數人有聽過或是容易了解的題目作為範例，希望讓讀者在自行取得軟體平台後有初步的學習範例，日後才好方便與熱心的前輩的交流討論，不要老是提一些很基本的問題。

願意分享的人也是耐心有限的，老是回答一些不像在討論的問題，很快就會失去分享交流的熱情。

第二章
程式交易入門

交易策略

風險評估　市場波動

▼ 簡單了解程式語法結構

▶ 資料結構

以下所有的程式語法的範例，考量以初學者最容易也最經濟取得的軟體是HTS，所以，我主要會以在HTS平台上的STS語法來做示範，將來讀者需要學習轉換到不同的TS like平台只需要略作代換即可。

在技術分析的世界，通常用來作為交易訊號的資料運算來源，不外乎價格於成交量，當然還有型態式的分析方法，源頭其實還是價格，只是構成的「形狀」通常很難定義得清楚，當定義不清楚的時候程式就做不出來，而定義得清楚卻顯現出程式很笨，其實這是在告訴我們，如果你不能量化定義這個分析方法，就不要用。

以下是價格與成交量的內建保留字，只要在程式碼內寫到這些，軟體會自動認定其對應的意義，我們不能對它作指定轉用。

開盤價：**Open (O)**

最高價：**High (H)**

最低價：**Low (L)**

收盤價：**Close (C)**

成交量：**Volume (V)**

再來，要表達我們常常說的比如：昨天的收盤價表達的方式是Close〔1〕，電腦會知道在日線圖的11/03這天的Close〔1〕＝7445。

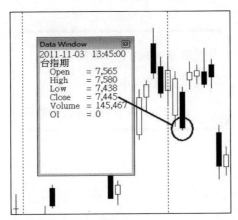

而往前數第5根的K棒的最高價是High〔1〕，在11/03這天的High〔5〕＝7682。

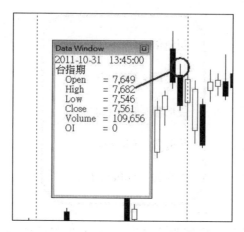

希望你可以看過這兩個例子後很快聯想到，在程式交易的軟體裡面所有對價格或是數值表示方法，是以當前最新K棒去往前數來表達過去某根K棒當時的數值的。

往前數 n 根時的 A 數值：A[n]

A 可以是開高低收價

也可以是任何計算後的數值

▶ 動作結構

在交易的決策判斷時，我們都是先判斷條件是否成立，然後才決定要採取什麼樣的動作，而這個動作除了是買進、放空、多單平倉（不放空）、空單平倉（不作多）之外，還可以（也必須）指定用市價動作、突破才動作、拉回才動作。但是在程式中，下交易命令的動作的語法描述卻常常會造成已經習慣自己看盤的人的困擾：NEXT BAR（下一根）。

當　條件　成立時，在　下一根　作指定的動作

這就是程式交易語法最常用的語法結構，至於在程式內的描述為什麼採用下一根而不是在條件成立的當下就馬上動作，我會在後面敘述。

舉個例子：當收盤價比上1根最高價還高的時候，市價買進。在語法上我們就這麼寫：

```
IF CLSOE > HIGH[1] THEN
    BUY NEXT BAR MARKET
END IF
```

在IF與THEN中間去敘述要判斷的條件，然後接著要動作的命令，最後用個END IF來做結束，這就是最最常用，也幾乎就是程式內一直不斷作的事情。形式如下：

如果今天收盤價大於昨天的收盤價**就**

放空 在 明天碰到今天低點的時候

結束

IF今天收盤價大於昨天的收盤價 THEN

放空 在 明天碰到今天低點的時候

END IF

```
If Close>Close[1] then
Sell next bar at Low stop
End if
```

▶ 交易命令

對於下交易命令的動作語法最常用的有四種，這不大會產生困擾：

進場作多（空翻多）→Buy
進場放空（多翻空）→Sell
多單平倉（不翻空）→ExitLong
空單平倉（不翻多）→ExitShort

但是只有下動作方向的命令是不夠的，就像我們如果打電話給營業員下單，總不能只跟他說：我要做多，你給我搞定！要

告訴人家什麼價位作多少口吧。在程式語法中沒有指定下多少口的話，就預設1口。一開始我的目標是讓讀者早一點進入這個世界，對於一些命令中沒有寫入，但會被預設值自動填入的部分就不多敘述，以免造成嚴重的昏睡效果。在教課的過程中，我已經必須不時作些娛樂效果來讓學生保持清醒了，我猜只是手拿書本的你，很可能會被這些初階學習語法的內容給強力催眠。在能學到一個可以產生交易訊號的語法架構前提下，盡量簡單的敘述，在書中就少講一點。先求有，以後再去求好求精。

程式交易是只要條件不成立就不做任何動作，也就是原有部位續抱。在判斷條件成立之後必須接著交易動作的命令，在剛剛的例子已經舉過市價動作了，那比較容易理解，就是條件成立馬上不計價買或賣或平倉就對了。

但是在交易命令上還有所謂的突破與拉回，什麼叫突破？舉個例子：條件依然用收盤價大於上1根的高點時，但是交易命令是在下一根突破現在的高點時買進。

這個感覺上會很像是雙重的條件，有人會在口語上這麼講：上1根的收盤價大於往前第2根的高點後，突破上1根的高點時馬上買進。

口語的講法其實與我舉例描述相同，麻煩你想像一下。是不

是如下這張圖用兩種說法都行，都是要買在我畫出小橫線那根的
高點被突破的點。

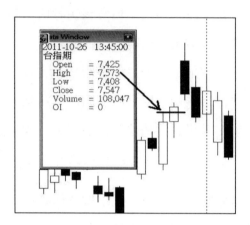

　　好的，接下來要講所謂的突破／拉回的差異了。以剛剛的例
子：「收盤價大於上1根的高點時，在下一根突破現在的高點時
買進」語法是這麼寫的。

```
IF CLSOE > HIGH[1] THEN
    BUY NEXT BAR HIGH STOP
END IF
```

　　交易命令內的STOP就是突破，那如果把這個條件的動作改
成：「收盤價大於上1根的高點時，在下一根拉回到現在的低點
時買進」

```
IF CLSOE > HIGH[1] THEN
    BUY NEXT BAR LOW LIMIT
END IF
```

在過去的經驗上，用作多（買進）去解釋突破／拉回會比較容易了解，但是用在放空呢？希望你的腦袋要有上下顛倒想像的能力喔。

「收盤價大於上1根的高點時，在下一根往下突破到現在的低點時放空」

```
IF CLSOE > HIGH[1] THEN
    SELL NEXT BAR LOW STOP
END IF
```

「收盤價大於上1根的高點時，在下一根往上拉到現在的低點時放空」

```
IF CLSOE > HIGH[1] THEN
    SELL NEXT BAR LOW LIMIT
END IF
```

我們做一下整理：

理解 STOP / LIMIT

Stop：更差的價位	Limit：更好的價位
Buy 7300 Stop	ExitLong 7300 Limit
◎價格7301→買	◎價格7301→多出
◎價格7300→買	◎價格7300→多出
◎價格7299→不買	◎價格7299→多不出
Sell 7300 Stop	ExitShort 7300 Limit
◎價格7301→不空	◎價格7301→空不出
◎價格7300→空	◎價格7300→空出
◎價格7299→空	◎價格7299→空出

　　換言之，其實你可以直接把要追高殺低的動作就推給STOP，要低接高空的就用LIMIT。就盤中當下的價格跳動與我們產生的訊號方式來說，STOP是順勢交易用的，LIMIT是逆勢交易用的。當價格正在漲的時後，我們跟著去追買是不是一種順勢？它漲我買嘛。相對的，當價格正在漲我才去放空或者把多單平倉（對期貨商來說都是一樣的動作：賣）是不是一種逆勢呢？

> Stop：追高買，殺低賣
> Limit：有高才賣，有低才買

▌程式語法學習範例──均線

　　希望你沒被剛剛的交易命令動作語法給搞得頭昏腦脹才好。這一篇開始用策略形式的實例來做範例，逐步地把程式交易編寫中的諸如變數、參數的設定與其差異、函數的解釋、引用與製作、到回測報表的產出，做一步步的示範。

　　我要先強調一下，這一章與下一章只是為了讓初學者有個簡單與通常符合大家口語上的描述去編寫的程式碼範例，真的要用來上線的程式會有更多的細部控制。

策略描述：

📎 **作多**：5根收盤價的平均價往上交叉10根收盤價的平均價時，下1根市價作多。

📎 **做空**：5根收盤價的平均價往下交叉10根收盤價的平均價時，下1根市價放空。

　　這就是一個很簡單的交易策略描述，未來你在開發自己的交易策略時最好在一開始就盡量用筆寫下以文字敘述交易策略的作多條件、做空條件、出場條件。這會強迫自己用精確的語言去敘述自己的策略，算是一種邏輯上的訓練，也是一種不要模糊交代的態度。

　　在這個定義下，我們會要先計算5根收盤價與10根收盤價的平均：

$$5根收盤價的平均 = (C + C[1] + C[2] + C[3] + C[4]) \div 5$$

　　那10根呢？原始的計算方式你一定知道，只是寫程式交易的軟體不會蠢得要我們打一長串的字吧，如果要計算季線、年線，豈不是光打字就打到吐了！

　　當然沒有這麼笨，我只是用這個方式來引進函數的觀念。你可以把函數當成另外一個小程式來看待，它的作用就是把一些

我們常用的功能，透過一個特定的形式來表達，才不會真的傻到
要計算250根收盤價的平均時，真的要去把CLOSE[1]……打250
遍。

> 函數表示法：
>
> **函數名稱(參數1,參數2…)**
>
> 計算平均的函數：MA(價格,算幾個)
>
> 5個收盤價的平均＝MA(Close,5)
> 8個最高價的平均＝MA(High,8)
> 15個最低價的平均＝MA(Low,15)

在這裡，我們只需要知道函數的表達形式就夠了。

回到這個策略的程式碼：

> **長短兩條均線**
>
> **往上交叉買進，往下交叉放空。**
>
> 1：ShortMA＝MA(CLOSE, 5)
> 2：LongMA＝MA(CLOSE, 10)
> 3：If ShortMA **cross over** LongMA then
> 4：　Buy next bar at Market
> 5：End if
> 6：If ShortMA **cross under** LongMA then
> 7：　Sell next bar at Market
> 8：End if

在第1、2行是把要計算5、10根收盤價平均用一個變數記錄

下來，方便之後使用，這個方式除了對於我們在程式的描述與錯誤檢查時比較方便外，對電腦來說也有降低計算次數減輕負擔的功用。在第3到第8行就一如先前的描述，IF與THEN中間是判斷條件的描述，從THEN到END IF中間放的是交易命令的動作描述。

當短的MA往上交叉長的MA後，下1根市價買進

當短的MA往下交叉長的MA後，下1根市價放空

但是剛剛的程式碼其實當你把它敲進軟體去做檢查是會被打槍的啦，因為它看不懂什麼是SHORTMA還有LONGMA，我們必須給他下一個變數定義的命令，讓電腦知道這兩個東西是我要用來塞數字進去的「盒子」。

```
Var: ShortMA(0), LongMA(0)

ShortMA = MA( CLOSE, 5 )
LongMA = MA( CLOSE, 10 )

If ShortMA cross over LongMA then
    Buy next bar at Market
End if
If ShortMA cross under LongMA then
    Sell next bar at Market
End if
```

Var就是宣告變數，後面打上冒號，接上我們要的名稱，名稱接上括號，括號裡面是變數的預設值，每個變數用逗號分開。

這就是宣告變數給電腦看懂的形式。

　　再來我們還可以就這個策略多做一點延伸，畢竟這樣的交易策略實在是太普通了，我們多加一條均線加一條更長的均線當做濾網，讓他變成：

📎 **作多**：當月線往上時5均價往上交叉10均價作多

📎 **做空**：當月線往下時5均價往下交叉10均價作多

　　這道濾網的意思是用月線當做方向的指引，用兩條比較短一點均線的交叉作為進場的動作訊號點。分別用變數來記錄月線的數值與現在是否月線向上／向下。在此我傳達的是變數不是只能用來記數值，也可以用來裝條件判斷的結果。

```
Var: ShortMA(0), LongMA(0),HugeLongMA(0)
Var: HugeUp(False),HugeDown(False)
ShortMA = MA( Close, 5 )
LongMA  = MA( Close, 10 )
HugeLongMA = MA( Close, 20 )


HugeUp = HugeLongMA > HugeLongMA[1]
HugeDown = HugeLongMA < HugeLongMA[1]

If ShortMA cross over LongMA and HugeUp then
   Buy next bar at Market
End if
If ShortMA cross under LongMA and HugeDown then
   Sell next bar at Market
End if
```

　　以上的粗斜體部分就是為了月線的數值記錄與判斷月向上／向下所宣告的變數，而粗體的部份則是月線數值的紀錄與月線方向的記錄。

　　感覺上這個以均線來操作範例，已經算是大家常常聽到的完整策略的樣子了。實際上，當你仔細想一想，這其中有可能發生很恐怖的事情！如果你已經有了多單，但是兩條短均線往下交叉時月線還在往上，那麼此時就不符合做空的條件，也就是「多單續抱」，當然如果是洗一洗再上就變成我們的策略很厲害，連洗盤都判斷得出來；但你最好相信我這個說法——萬一後續就是直接崩跌，沒有機會讓月線往下且短均線往下交叉這兩個條件在同一天出現呢？要命，那可能就是一場災難了！

　　透過這個情境，濾網的設計往往是為了過濾所謂無效的訊號，但也有可能造成歷史績效的巧合。在策略的設計上，如果有濾網的存在，就可能發生大波段行情出現，我們卻不一定會在正確的方向上時，有兩個選擇：一是設下停損，二是「凹單」，也就是不管啦。這裡我幫這個範例加上停損以防萬一。停損程式碼如下：

```
if MarketPosition>0 then
 ExitLong next bar at EntryPrice(0)-MaxLoss stop
end if
if MarketPosition<0 then
 ExitShort next bar at EntryPrice(0)+MaxLoss stop
end if
```

MARKETPOSITION → 部位的方向

ENTRYPRICE（0）→ 最新的成本價

MAXLOSS → 用來決定幾點停損的變數

在變數設定的地方，我直接讓停損的點數預設成一百點，程式碼已經越來越多，長成下面這樣子。

```
Var: ShortMA(0), LongMA(0),HugeLongMA(0),MaxLoss(100)
Var: ShortMA(0), LongMA(0),HugeLongMA(0),MaxLoss(100)
Var: HugeUp(False),HugeDown(False)

ShortMA = MA( Close, 5 )
LongMA = MA( Close, 10)
HugeLongMA = MA( Close, 20)

HugeUp = HugeLongMA > HugeLongMA[1]
HugeDown = HugeLongMA < HugeLongMA[1]

If ShortMA cross over LongMA and HugeUp then
    Buy next bar at Market
End if
If ShortMA cross under LongMA and HugeDown then
    Sell next bar at Market
End if
if MarketPosition>0 then
    ExitLong next bar at EntryPrice(0)-MaxLoss stop
end if
if MarketPosition<0 then
    ExitShort next bar at EntryPrice(0)+MaxLoss stop
end if
```

交易策略的程式化，就是這樣隨著個人需要而一步一步累加上去的。

　　或許現在你會想急著看看這個這麼普遍大家都知道的交易方式，到底在歷史的回測上會是怎樣的狀況，會不會賺錢？且讓我賣個關子，後面再說。

程式語法學習範例——RSI

　　看過以大家都熟悉的均線為範例的語法編寫後，這一章用也是耳熟能詳的技術指標來做範例：RSI。

　　我相信經過兩種大家熟悉的技術分析方式來做為程式語法介紹的範例之後，對初學剛想入門的朋友應該能夠約略一窺程式交易最基礎的部份了。

　　在這個範例中我要做到以下四個題目：

　🖉 RSI：進入超買區買進、進入超賣區放空。

　🖉 RSI：高檔回落放空、低檔往上買進。

　🖉 RSI：回測中值後轉向的買進、放空。

　🖉 進場價位百分比的停損。

　　現在就進入程式碼的編寫。這裡我們直接就讓第一個題目：進入超買區買進、進入超賣區放空的程式碼進來，希望在上一章

的範例之後你已經對整體的架構有些熟悉了。

　　設定參數：RSI指標的取樣長度Length（9）、超買區OverBuy（70）、超賣區OverSell（30）。

```
Param: Length(9), OverBuy(70), OverSell(30)
```

　　進入超買區就作多買進：當RSI指標大於OverBuy，下一根買進。

```
If RSI(C,Length) > OverBuy then
    Buy next bar at Market
End if
```

　　進入超賣區就放空：當RSI指標小於OverSell、下一根放空。

```
If RSI(C,Length) < OverSell then
    Sell next bar at Market
End if
```

　　把以上的分段組合起來：

```
Param: Length(9),OverBuy(70),OverSell(30)

If RSI(C,Length) > OverBuy then
    Buy next bar at Market
End if

If RSI(C,Length) < OverSell then
    Sell next bar at Market
End if
```

這個程式碼就能在K線圖上產生這樣的效果。

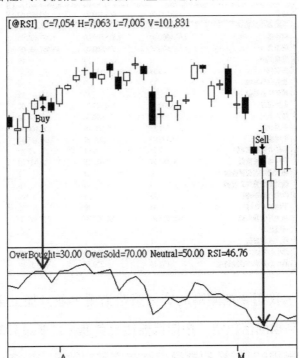

簡單看一下這樣的交易方式，有怎樣的效果。可以看到純益的數值是正的，也就是說經過了多年的交易，按照這個方式，是可以賺到錢的，至於過程，那又是他話了：

	全體	買進	賣出
純益	968,200.00	665,400.00	302,800.00
未結算收益/損失	16,600.00	0.00	16,600.00
總收益	2,603,000.00	1,235,600.00	1,367,400.00
總損失	-1,634,800.00	-570,200.00	-1,064,600.00
交易回數	37	19	18
升率(%)	40.54	47.37	33.33
收益交易回數	15	9	6
損失交易回數	22	10	12
最大收益	688,200.00	330,200.00	688,200.00
最大損失	-265,000.00	-91,000.00	-265,000.00
平均收益	173,533.33	137,288.89	227,900.00
平均損失	-74,309.09	-57,020.00	-88,716.67
平均收益比率(倍)	2.34	2.41	2.57
平均各買賣損益	26,167.57	35,021.05	16,822.22
最大連續收益買賣數	4	2	2
最大連續損失買賣數	5	2	8
平均收益Bar數	103	93	118
平均損失Bar數	34	39	30
最大評價損失幅	-901,200.00	-302,000.00	-957,600.00
賠賺比率	1.59	2.17	1.28
最大未結算數	1	1	1
最小必要成本	901,200.00	302,000.00	957,600.00
最小必要成本額跌純益	107.43	220.33	31.62

再來，我們要把剛剛的交易策略沿用，並且加上第二個題目，指標高檔回落放空、指標低檔往上買進。這麼設計的意義是什麼？如果用RSI這樣的擺盪指標在突破超買區去做多、跌破超賣區去做空的話，很明顯在實際的交易上應該會有很多所謂「追高殺低」的愚蠢動作出現。

如果我們讓突破超買區追進去，但是後來指標又從超買區跌落時放空，應該會在盤整時期損失一點點，但換到不錯的交易成績，是吧？只要在剛剛的程式碼後繼續加料。

高檔回落放空：RSI指標往下交叉超買值。這裡用的是交叉喔，如果RSI沒有先在超買值以上是不會有交叉發生的。

```
if RSI (C, Length) cross under OverBuy then
    Sell next bar at Market
end if
```

當然，指標從低檔往上的買進動作也別忘了：

```
if RSI(C, Length) cross over OverSell then
    Buy next bar at Market
end if
```

到這裡我們會有兩組的買進、放空的交易方式了，在程式交易裡，同一個策略裡面是可以接受多種交易條件與多次的交易動作的。

我們來看看到目前為止的程式碼全貌，RSI：進入超買區買進、進入超賣區放空，加上RSI：高檔回落放空、低檔往上買進，兩種交易方式合併在一起。

```
Param: Length(9),OverBuy(70),OverSell(30)

If RSI(C,Length) > OverBuy then
    Buy next bar at Market
End if

If RSI(C,Length) < OverSell then
    Sell next bar at Market
End if

if RSI(C,Length) cross under OverBuy then
    Sell next bar at Market
end if

if RSI(C,Length) cross over OverSell then
    Buy next bar at Market
end if
```

　　順便來看看這樣本來在想像中應該會是很賺的方式，在歷史上的測試會是怎樣。

	全體	買進	賣出
純益	-2,379,800.00	-1,027,200.00	-1,352,600.00
未結算收益/損失	54,200.00	54,200.00	0.00
總收益	4,900,000.00	2,416,800.00	2,483,200.00
總損失	-7,279,800.00	-3,444,000.00	-3,835,800.00
交易回數	287	143	144
升率(%)	29.62	34.97	24.31
收益交易回數	85	50	35
損失交易回數	202	93	109
最大收益	255,200.00	255,200.00	202,400.00
最大損失	-175,200.00	-175,200.00	-174,200.00
平均收益	57,647.06	48,336.00	70,948.57
平均損失	-36,038.61	-37,032.26	-35,190.83
平均收益比率(倍)	1.60	1.31	2.02
平均各買賣損益	-8,291.99	-7,183.22	-9,393.06
最大連續收益買賣數	4	5	4
最大連續損失買賣數	13	14	13
平均收益Bar數	14	13	14
平均損失Bar數	6	5	5
最大評價損失幅	-2,687,200.00	-1,345,800.00	-1,674,200.00
賠償比率	0.67	0.70	0.65
最大未結算數	1	1	1
最小必要成本	2,687,200.00	1,345,800.00	1,674,200.00
最小必要成本漲跌純益	-88.56	-76.33	-80.79

啊……？這不是真的吧？竟然是賠錢的！在指標往上鈍化時去追買，也在鈍化沒有發生或是結束時往下放空，有趨勢行情時應該可以賺到波段，盤整時期也可以在接近箱頂、箱底附近低買高賣的啊！怎麼會是賠錢的？

這個問題我想留給你自己去思考，用這樣的方式我想突顯程式交易的最重要功能：在把錢投進市場前就能先知道過去幾年這樣的作法能不能賺到錢？兩個提示：交易是有成本的、指標不代表價位。

第三個題目：RSI回測中值後轉向動作。我用以下這張圖來表達這個意思會比較清楚點。

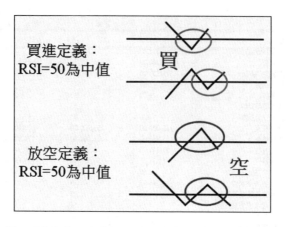

當RSI從50以上往下破50再往上穿過50時就買進，這個動作必須是連續的，如果從50以上往下破50後，沒有馬上往上穿過50就不買。

作空的動作，反之。當RSI從50以下往上突破50再往下穿過50時就放空，如果從50以下往上突破50後，沒有馬上接著往下穿過50就不放空了。

這次，我們就不把多空兩邊動作的程式語法分列解釋了，直接來看這個動作的程式碼全部：

```
if    RSI(C,Length)[2]>50 and
      RSI(C,Length)[1]<50 and
      RSI(C,Length)>50 then
   Buy next bar at Market
end if

if    RSI(C,Length)[2]<50 and
      RSI(C,Length)[1]>50 and
      RSI(C,Length)<50 then
   Sell next bar at Market
end if
```

請注意一下，函數所計算出來的數值，一樣是可以往前數的，不是只有往前2根的收盤價用CLOSE〔2〕來表示。

函數，比如這個範例中就可以看到往前1根的RSI值就是用RSI（CLOSE,Length）〔1〕來表示，往前兩根的RSI值用RSI（CLOSE,Length）〔2〕去表示。

讓我們來看看這個單純地抓住回測中值買上轉向的作法會有怎樣的效果？

	全體	買進	賣出
純益	316,000.00	366,600.00	-50,600.00
未結算收益損失	-33,800.00	-33,800.00	0.00
總收益	1,836,800.00	1,079,800.00	757,000.00
總損失	-1,520,800.00	-713,200.00	-807,600.00
交易回數	39	19	20
升率(%)	28.21	42.11	15.00
收益交易回數	11	8	3
損失交易回數	28	11	17
最大收益	486,000.00	276,800.00	486,000.00
最大損失	-391,400.00	-391,400.00	-208,200.00
平均收益	166,981.82	134,975.00	252,333.33
平均損失	-54,314.29	-64,836.36	-47,505.88
平均收益比率(倍)	3.07	2.08	5.31
平均各買賣損益	8,102.56	19,294.74	-2,530.00
最大連續收益買賣數	3	3	1
最大連續損失買賣數	7	4	8
平均收益Bar數	110	86	171
平均損失Bar數	37	22	45
最大評價損失幅	-942,000.00	-784,800.00	-865,400.00
賠償比率	1.21	1.51	0.94
最大未結算數	1	1	1
最小必要成本	942,000.00	784,800.00	865,400.00
最小必要成本漲跌純益	33.55	46.71	-5.85

好像還可以，至少能賺錢。

那如果把這一章的第一個題目，突破超買作多、跌破超買放空跟這個中值回測馬上轉向作結合呢？

```
Param: Length(9), OverBuy(70), OverSell(30)

If RSI(C,Length) > OverBuy then
    Buy next bar at Market
End if

If RSI(C,Length) < OverSell then
    Sell next bar at Market
End if

if      RSI(C,Length)[2]>50 and
        RSI(C,Length)[1]<50 and
        RSI(C,Length)>50 then
    Buy next bar at Market
end if

if      RSI(C,Length)[2]<50 and
        RSI(C,Length)[1]>50 and
        RSI(C,Length)<50 then
    Sell next bar at Market
end if
```

這是把突破追進與回測中值轉向兩個合併的歷史回測效果：

	全體	買進	賣出
純益	1,251,400.00	797,200.00	454,200.00
未結算收益/損失	16,600.00	0.00	16,600.00
總收益	3,356,800.00	1,782,200.00	1,574,600.00
總損失	-2,105,400.00	-985,000.00	-1,120,400.00
交易回數	67	34	33
升率(%)	32.84	38.24	27.27
收益交易回數	22	13	9
損失交易回數	45	21	24
最大收益	688,200.00	333,800.00	688,200.00
最大損失	-215,200.00	-215,200.00	-169,000.00
平均收益	152,581.82	137,092.31	174,955.56
平均損失	-46,786.67	-46,904.76	-46,683.33
平均收益比(倍)	3.26	2.92	3.75
平均各買賣損益	18,677.61	23,447.06	13,763.64
最大連續收益買賣數	3	3	2
最大連續損失買賣數	9	6	8
平均收益Bar數	69	60	81
平均損失Bar數	17	18	16
最大評價損失幅	-519,000.00	-487,800.00	-555,600.00
賠償比率	1.59	1.81	1.41
最大未結算數	1	1	1
最小必要成本	519,000.00	487,800.00	555,600.00
最小必要成本漲跌純益	241.12	163.43	81.75

往前翻閱一下單純用RSI指標突破超買超賣去追進的回測效果與現在這個的，你會發現其實純益（賺到的錢）差異不大，但是有一個數字卻大幅降低了：最大評價損失。這是開發交易策略的時候，我非常非常注重的一個數字。沒談獲利之前要先看風險有多大。

還有一個題目，以進場價格的百分比作停損的設定。通常我們聽到最多的停損方式是停損50點、停損100點這類以固定點數來做停損，我們試著用電腦的優勢：計算能力，來做停損位置的計算。

給要來作為停損幅度的數值設定一個參數，MaxLoss。顯示如下：

```
If MarketPosition>0 then
    ExitLong next bar at
                EntryPrice(0)*(1-MaxLoss) stop
End if
if MarketPosition<0 then
    ExitShort next bar at
                EntryPrice(0)*(1+MaxLoss) stop
end if
```

從程式碼之中帶到了一個新東西進來，EntryPrice（0），這是內建的函數：最新的進場價位。在交易策略中要做停損或是停利的設計，多半會使用到進場的成本價這個函數。如果要知道上一次交易的成本價，就是EntryPrice（1）。

常用小工具

結算日判斷（函數）：

```
if ( DayOfMonth(Date)>=15 and
       DayOfMonth(Date)<=21 and
       DayOfWeek(Date)=3 )
    or Date=1040127
    or Date=1070226
    or Date=1100617
    or Date=1100222

then
    CheckDay=True
else
    CheckDay=False

end if
```

　　做成函數以後就方便在Candle Pattern或是買賣訊號裡當做判斷條件，如果你覺得結算日當天的走勢會特別機車的話，是否就需要針對那天做些不同的應對？相信這句話對當沖的朋友應該會特別有感覺。

　　做成Candle Pattern就可以放在圖表上提醒自己當天是結算日了：

```
if CheckDay=True and D>D[1] then
    DrawPoint1( BottomSide, "結" )
end if
```

放到分線圖的時候就可以有這樣的效果了。

目前K棒是當天的第幾根（函數）：

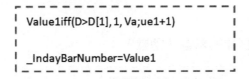

```
Value1iff(D>D[1], 1, Va;ue1+1)

_IndayBarNumber=Value1
```

　　做這函數的目的是要用在分線圖裡面，取代一些濾網或是交易規則上需要使用時間去做限制的。

　　比如在15分鐘線裡面，如果每天的前45分鐘我都不要進場的話，因為程式命令內的動作點在Next Bar，所以買進場條件就得設計成讓前30分鐘所有的判斷條件都不會成立。像這樣：

```
If 買進條件 and Time<=091500 then
   Buy next bar Market
End if
```

而用這個計算現在K棒是當天第幾根的方式，就不用看著時鐘去數時間了。

```
If 買進條件 and _InDayBarNumber<=3 then
   Buy next bar Market
End if
```

這種方式會比較像是利用圖表上的直覺。有個常見的濾網是排除開盤第1根不進場動作，這會用 進場條件and _ InDayBarNumber<(300/BarInterval) 去做排除。

計算期間內紅K棒的數量（函數）：

```
Param:Length(Numerbic)
Var:i(0)

Value1=0

For i=0 to Length-1
   Value1=iff(C[i]>O[i], Value1+1, Valu1)
End for

_RedBars=Value1
```

計算期間內黑K棒的數量（函數）：

```
Param:Length(Numerbic)
Var:i(0)

Value1=0

For i=0 to Length-1
    Value1=iff(C[i]<O[i], Value1+1, Valu1)
End for

_BlackBars=Value1
```

這兩個函數是我滿常用的功能，計算在過去一段時間內的紅K棒的數量與黑K棒的數量，因為通常我們會把紅色的K棒視為往上的多方力道、黑色的K棒則是空方的力道。

在應用上，不管你是要用過去一段時間的紅K棒數量有多少根就買進（10根以內有6根以上的紅K棒就買進）：

```
If _RedBars(10)>=6 then
    Buy next bar Market
End if
```

或是紅K棒對黑K棒的比率在多少以上就買進（30根以內的紅K棒對黑K棒比值在1.33以上就買進）：

```
If _RedBars(30) / _BlackBars(30) >= 1.33 then
   Buy next bar Market
End if
```

　　看你自己怎麼去變化，函數就是自己做一些小工具來幫助自己在編寫程式碼的時候減少重複使用的程式碼。

計算以成交量為加權比重的價格平均（函數）：

```
Param:Price(Numeric),Length(Numerbic)
Var:i(0), AllPV(1), AllVol(1)

AllPV=0;
AllVol-0;

For i=0 to Length-1
    AllPV= Price[i]*Vol[i] + AllPV;
    AllVol= Vol[i] + AllVol;
End for

If BarNumber> Length then
    _MAwithVol= AllPV / AllVol;
End if
```

　　建立這樣的函數之後，方便我們把每一根K棒所含的成交量作為每一根K棒要計算的價格的權重，這會讓成交量大的K棒對要計算的區間內的均線有比較高的影響力、成交量小的影響力就小。

　　均線本來的意義是一段區間內的多空單平均成本的表現，只

是有些日子的成交量很大。現在不少人認為成交量很大的日子就足以讓趨勢與多空勢力的平均成本扭轉，而我們最常使用的簡單平均（只把全部的價格加起來做平均計算），加上成交量為權重之後就比較能夠反應所謂的大成交量日的影響程度，這是一種對簡單移動平均的變化。

做個指標畫兩個不同種類權重的均線來做比較。

```
Param:Length(10)

Value1= _MawithVol(Close,Length)
Value2= EMA(Close,Length)

Draw1(Value1,"量權重 MA")
Draw2(Value2,"EMA")
```

實線的是用成交量為權重，虛線的是以時間為權重。

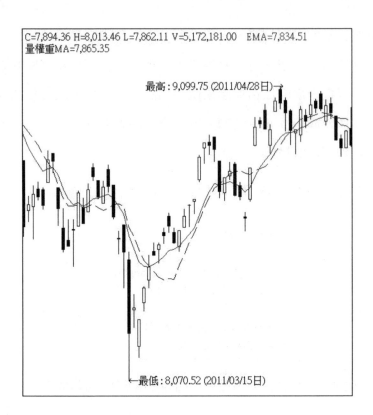

C=7,894.36 H=8,013.46 L=7,862.11 V=5,172,181.00　EMA=7,834.51
量權重MA=7,865.35

最高：9,099.75 (2011/04/28日)→

←最低：8,070.52 (2011/03/15日)

多單移動停利出場（函數）：

```
Param:Gate(Numeric),TurnBack(Numeric);
Vars:TS(0),PP(0);

PP=MaxPositionProfit(0)/PointValue/abs(CurrentContracts)

TS=iff(TurnBack<=1,(1-TurnBack)*PP,PP-TurnBack)

LongTrailingStop=
iff(MarketPosition>0 and PP>=Gate, EntryPrice(0)+TS, 0)
```

LongTrailingStop（300,0.3）內填兩個參數，第一個參數是當獲利超過幾點以上才啟動移動出場的機制，這是計算回單口的狀態，也就是說不管你手上有幾口在，從最後一個進場的價位往上算獲利超過300點才啟動，如果帳面的價位差距連獲利300點都沒有就連出場的價位都不計算了。第二個參數是計算折返多少，填入0.3表示折返30%，也就是帳面最大獲利扣掉30%的價位就是要出場的位置。假設多單進場價在8000點，當報價來到8300的時候LongTrailingStop（300,0.3）會得到8210的出場價位：

8000＋（8300－8000）－（300×0.3）
＝8000＋（300－90）
＝8210

如果在這個函數的第二個參數填入的是1以上的數值，就會當做是使用折返多少點來計算移動出場的價位，比如LongTrailingStop（300,77）會得到出場價位是：

8000＋（8300－8000）－77
＝8000＋（300－77）
＝8223

運用到買賣訊號裡就如以下這樣（要先建立好上述函數）：

```
if MarketPosition > 0 then//手上有多單
  ExitLong next bar LongTrailingStop(300,0.3) stop
  //部位獲利超過300點之後，回吐獲利的30%時多單出場
end if
```

空單移動停利出場（函數）：

```
Param:Gate(Numeric),TurnBack(Numeric);
Vars:TS(0),PP(0);

PP=MaxPositionProfit(0)/PointValue/
        abs(CurrentContracts)

TS=iff(TurnBack<=1,(1-TurnBack)*PP,PP-TurnBack)

ShortTrailingStop=iff(MarketPosition<0 and PP>=Gate,
                  EntryPrice(0)-TS, 99999)
```

運作計算方式參照「多單移動停利出場」。

```
if MarketPosition < 0 then//手上有空單
  ExitShort next bar ShortTrailingStop(300,100) stop
  //部位獲利超過300點之後，反彈100點時空單出場
end if
```

對當天交易次數的控制：

　　以下的作法是把作多與做空的「已發生」交易次數分開記錄，在每天的最後一根K棒，把用來記錄當天多／空交易次數的變數歸零，過去通常我們是選在當天開盤的那一根K棒歸零，我改選在每天的最後一根是因為，這樣做的話可以不僅限於當沖，也許你用在波段留倉的策略，只是不想要一天反覆多／空太多次。

```
Var:K(1), longslongs(0), shorts(0)
K=iff(D>D[1], 1, K+1)
//記錄當天已經作多／做空的次數
if BarsSinceEntry(0)=0 then
  longs= iff(MarketPosition>0, longs+1, longs)
  shorts= iff(MarketPosition<0, shorts+1, shorts)
end if
if K=300/BarInterval then
  longs=0   shorts=0
end if
//進場
if 買進條件 and longs<=0 then
  Buy  next bar Market
end if
if 放空條件 and shorts<=0 then
```

```
    Sell next bar Market
end if
```

策略訊號跨月換倉：

在HTS上如何把交易系統的倉位訊號在結算日清空部位，並且在隔天建立同方向且口數相同的訊號？

這個方式會讓你的系統結算日當天最後一根的K棒沒有部位，因為採用的週期時間不同，所以清空部位的時間就不一樣，這不是用來定時間清倉的。你可以因應自己的需要想想用定時的方式該怎麼做，別忘了結算日當天的01：30期貨連續圖就不會再有報價喔！

```
Var:K(1),N(0);
接上這個換倉用的程式碼在你的程式尾端。
K=iff(D>D[1], 1, K+1)
N=abs(CurrentContracts)
  if CheckDay then
    if K=(300/BarInterval)-1 then
      ExitLong  ("多換") next bar Market
      ExitShort ("空換") next bar Market
    end if
    if K=(300/BarInterval) and
```

```
BarsSinceExit(0)=0 then
     if EntryType(0)&gt;0 then
       Buy （"換多"）N[1] Share next bar Market
     else
       Sell （"換空"）N[1] Share next bar Market
     end if
   end if
end if
```

至於這麼做的理由在於「期貨連續圖」。

　　程式交易最大的價值不是全自動下單，而是交易策略的量化與真實上線前的評估，這才是程式交易最大的價值所在。因為絕大多數的人進入市場投機多半不知道自己怎樣賺、怎樣賠的？更可悲的是，在損失了大量金錢之後，完全無從檢討起，甚至變成意氣之爭進而葬送掉自己的人生。

　　程式交易事前評估功能的基礎就是過去的歷史資料，然而期貨之所以稱為期貨就因為它是個有期限的合約，以月份或是以季度為一期，到期日一到合約就結算，所有合約損益抹一抹重新再來。因此所謂的歷史資料其實不像大盤這樣以現貨所計算的連續延伸，期貨的歷史資料有斷點。

　　在 一般的看盤軟體上，都必須指定查閱某 標的的某 期限

合約才能得到其報價，比如以編寫本書的現在，台指期流通量最大的是2011年12月份的合約，也就是每天距離結算日最近的合約。以我所見的經驗，應該所有期貨都是最靠近結算日的合約，會是最大流通量的合約。但是，實際上每一天是不是只有結算日最靠近當天的合約可以交易呢？當然不是，現在我可以交易2011年12月的合約也可以交易2012年01月的合約，還可以交易2012年03月的合約。那麼，同一天裡面每一秒的報價資料要採用哪一種？

因為每天交易量最大的合約都是結算日最靠近當天的合約，所以，為了累積過去這麼多年的期貨交易歷史，就採用結算日最靠近當天的合約報價作為期貨連續歷史資料。不這麼做的話，不管是哪一個合約的期貨資料其實都只有短短幾個月而已，根本就沒有一年、十年的的歷史資料可供研究、測試。

了解期貨連續圖是採用結算日最靠近當天的合約的資料所構成之後，這就產生一個問題了，在結算日的當天與隔天的報價資料就剛好會是更換合約的日子，實際上每個不同月份的合約都存在所謂的價差，換言之，結算日當天的收盤價與隔天開盤開始用不同的月份，就存在著很自然的跳空，而那個跳空卻不是真實發生在交易中的跳空。

　　讓我附上2010年6月17日到18日這兩天的大盤、2010年7月合約與期貨連續三張圖做比較，希望能讓讀者比較理解這個狀況。

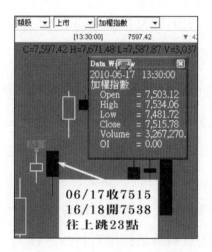

　　上圖，2010年6月17日的大盤收盤價在7515，6月18日開盤7538，往上跳空23點。

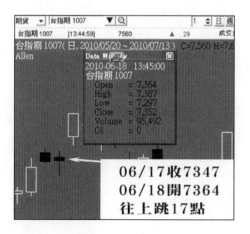

上圖是2010年7月份的合約，6月17日當天是2010年6月份期貨的結算日，7月份合約是次月的合約。如果6月17日當天我買進多單，我可以抱著多單等待6月18日的開盤往上跳空。我們也可以看到7月合約的價格6月17日收7347，6月18日開7364，往上開高17點，這個情形大致與大盤相近。

接下來的圖則是期貨連續圖，注意看，這差異可大了！因為6月17日當天是6月合約的結算日，所以6月合約才是當天最靠近結算日的合約，期貨連續圖在2010年6月17日這天記錄的資料也就是6月的合約，而在6月18日這天已經沒有06月份合約了，07月份合約取代成為最靠近當天結算日的合約，所以期貨連續圖在2011月6月18日的資料就是採用7月份的合約。看看在這張期貨連續圖上6月17日的收盤是7519（6月的收盤）、6月18日的開盤是7346（7月的開盤），這變成往下大跳空173點！與大盤是往上開高的差異可是超乎想像的大！

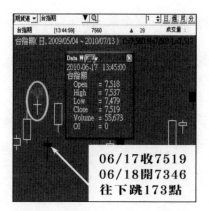

而真實上的交易，沒有人會因為看著期貨連續圖下單，在6月17日買多單而6月18日開盤就真的賠掉173點，或是6月17日放空單而6月18日開盤就賺到173點，因為你買6月合約當天就被結算抹掉了，這個期貨連續圖上的跳空是根本不存在於真實世界的跳空。

為了交易策略的研究與評估，選用期貨連續圖是一種不得已的選擇。在了解了這一點之後，也許，你可以猜到，那麼如果我的交易策略在2010年6月17日留有空單，豈不是回測報表上會以為我賺到這個173點的往下跳空？是的，真的如此！回測報表就是這麼做的。

到這裡，你應該可以了解，為了要有更長的歷史資料讓我們做測試做評估而不得已選用的期貨連續圖，實際上波段持有型的交易策略的回測報表就是會被這種台指期每個月結算時的假跳空

所影響，而造成績效膨風或是蒙受不白之冤。

終於，你瞭解了期貨連續圖的這個特性，那麼應該可以體會為什麼會有這個「策略訊號跨月換倉」的動作了吧。在交易策略內用這樣的方式去處理後，波段策略的市場參與就不含有結算日當天收盤到隔天開盤這個價跳空了。這樣的回測報表上的數據「純度」就高些了。

當然，有許多人是不Care這個假跳空的，因為有時候會有假獲利有時候也會是假虧損，長期而言是會互相平衡掉的。而實際上，我自己開發的策略，一旦加入這樣不參與結算日當天收盤的處理之後，毫無例外回測績效通通下降，這個含意就留給你去體會了。

魔鬼績效製造法

　　特別闢一個章節講這個東西是有原因的。在我上一本的著作內所介紹的程式碼，大量使用了This Bar的交易命令，在當時的時空背景，因為極度缺乏學習資源，那個下交易命令的方式是我自己摸索出來安全無誤的方式，但是那必須是全套使用。

　　這些年過去我陸陸續續從網路上或是讀者來信上發現了一個問題，太多人只使用了半套，這造成了回測的訊號與未來實際盤中的不吻合而不自知。

　　在這個章節，我會列出This Bar使用上兩個最常見的超級大問題，也提醒讀者，如果未來你有可能不是自己開發程式而是對外採購的話，必須要知道，在沒有看到人家的程式碼的狀況下，所謂的回測績效其實是可以造假的，而且，一點都不難。

▌This Bar Market

　　先講這個如果要用來製造神蹟級回測績效表其實不算很夠力的交易命令，為什麼是先講這個？因為多數人習慣上描述交易方式的口語就是什麼條件下，立刻市價進場，而這個This Bar Market翻譯成中文就剛好是現在的市價。這其實不是誤解，而

是另一個觀念有待建立，在這裡要講的也會讓真正要走程式交易這個法門的人有基礎的觀念：為什麼交易的動作都在條件成立後的下一根K棒？

　　話得從這裡開始講起：「收盤價不見得是你想的收盤價」。我特意在盤中的時候抓下三張圖來做比較，前後頁請多費心翻閱幾次以便比較。

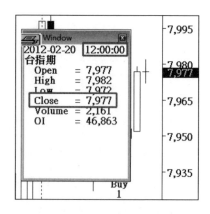

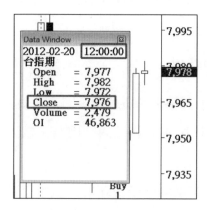

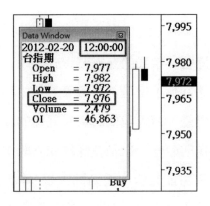

　　在以上三張圖裡都有著Data Window，那是用來顯示滑鼠所指到K棒的訊息，會有該K棒的收盤時間以及各項數值。

　　三張圖的右側都是同一根K棒，Data Window所顯示的時間都一樣。但是我們可以看到三張圖的K棒卻長得不一樣，為什麼？其實這很正常。有在盤中看盤的朋友都會知道當下還沒有結束的K棒，不管是幾分線本來就會變來變去的，因為它還沒有結束。

　　再注意三張圖各別Data Window裡的Close：收盤價。三張圖都不一樣，但這是同一根K棒，而在程式碼中所描述代表的收盤價其實就是這裡所看到的Close。想到了嗎？如果你在程式碼的條件敘述中有使用到收盤價的這個數值，在盤中K棒尚未結束完成時，所謂的收盤價其實是「最新價格」而不是我們自己想像中收盤價，在K棒還沒有結束以前，其實沒有所謂的收盤價，而

是最新的價格。

這造成一個問題。當我們在編寫程式碼時，我以為我是用收盤價作交易條件的判斷，但是其實每天的盤中那個收盤價（最新價格）卻一直在變動，造成我要的條件判斷的成立與否是會變動的。如果交易動作的命令，也是在條件成立的當下就馬上動作的話，是不是我就有可能在盤中看到同一根K棒的判斷條件一下子成立，一下子又不成立？隨之而來的交易動作，是不是也就是一下子買進一下子取消，如果進入全自動交易模式後，想一想，期交所可以接受我們一下買進一下子卻又說剛剛買的不算數嗎？

我用一個很簡單的交易規則來舉個例子：當收盤價大於前5根K棒內的最高點時，市價買進、當收盤價小於前5根K棒內的最低點時，市價放空。如果你把這個交易方法很直覺地中翻英如下：

```
If Close > Highest(High,5)[1] then
     Buy this bar at Market
End If

If Close < Lowest(Low,5)[1] then
     Sell this bar at Market
End If
```

在盤中，這樣的程式碼就會造成後面兩張圖的結果了。

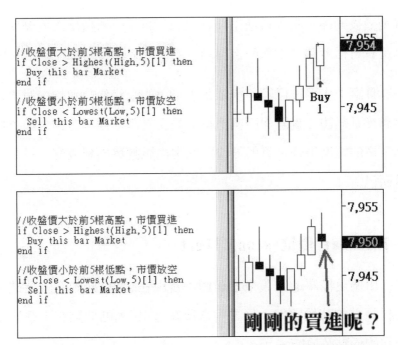

　　注意到了嗎？先發出買進訊號，隨後因為所謂的收盤價又掉到前5根內最高價以下而讓條件不成立，所以買進訊號消失就變得很「正常」了。

　　假設一下，如果這根K棒內的最新價格好死不死的剛好就在這個前5根內最高價來回跳動著，每跳一次條件判斷成立與否就改變一次，自動下單就做一次動作，不要多，光是跳個十次，不算成交價的價差，光是交易成本就準備付出30點。

　　而且，這個程式碼的回測，在歷史上其實只會記錄一次，也

就是最後的那一次。這種用This Bar Market所做出來的歷史回測還有可信度嗎？當然是沒有的。

實際上，過去已經有前輩花了不小的金錢作為代價去證實這個恐怖且錯誤（實際與回測不符）的交易命令描述方式，因為自動下單的速度很快，真的很快。通常從訊號發出到成交，只是一秒而已。

▶ This Bar 價位 stop／limit

用個更簡單的定義來作範例：當現在這根K棒的高點突破上一根高點的時候買進，反之，當現在這根K棒的低點往下跌破上一根的低點時放空。

程式碼如下：

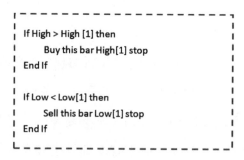

```
If High > High [1] then
      Buy this bar High[1] stop
End If

If Low < Low[1] then
      Sell this bar Low[1] stop
End If
```

以上的程式碼，因為我們是在突破或跌破上一根的高低點時動作，所以交易命令的價格就指定在上一根K棒的高低點。

現在讓我們來看看精采的VCR：

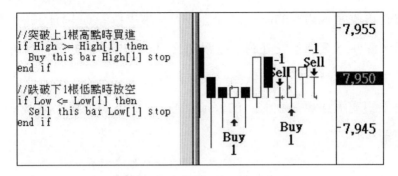

從上面這張圖看來，框框中動作的地方完全符合我的描述，放空在上一根的低點，剛好是動作的這根K棒的低點。但是，一旦到了盤後或是盤中整理一下資料：

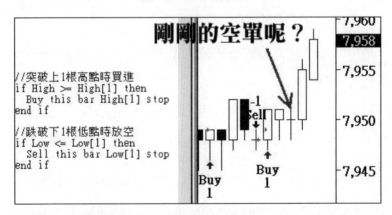

天啊，那個放空在K棒最低點的訊號不見了，變成上次訊號買進之後就一路抱住行情往上噴出！那個放空被巴都不算嗎？

剛開始我觀察到這個現象的時候實在很難理解，因為從條件

判斷那邊去看，不論在盤中或是盤後，條件一旦成立都不會也沒有再改變，需要的話可以細心地到盤中去拉Data Winsow來看看，條件一直都是成立的，這跟This Bar Market的條件會因為盤中的最新價格變動導致條件成立有變化，完全是不同等級了。我不知道這該算是軟體上的Bug或是什麼？不過，我找出了它的規則：

> 魔法在於：只要發生訊號的當根K棒，從「收盤價」算起會讓當時的部位是虧錢的，
> **就在歷史上不承認！**

這可就是不折不扣的歷史績效超美化藥水了，這麼厲害的藥水哪裡有得買？好啦，不開玩笑了，提出這個只是想說，我真的有看過外面出售的程式，內容用上這個超強化妝品。說真的，我覺得用這樣的交易命令去出售交易程式的人，滿「夭壽」的。

本章節的重點：如果你不夠熟捻程式碼的運作，乾脆就不要使用This Bar來做交易命令，別跟自己的錢開玩笑，製造虛幻的回測報表沒有什麼意義。

簡單介紹回測報表

經過了把心中交易想法很艱辛地轉換成能被電腦看懂的程式碼之後，來到請電腦幫我們計算一下這個交易方法在歷史資料上操作的成效了。這就是回測報表。

回測報表的部份，不同軟體有許多不同的功能與統計功能，這裡僅就幾項常用的做介紹。

執行交易策略的歷史回測之前記得務必先做這件事情：設定交易成本。在真實的日常程式交易上，交易訊號的觸發是以當時的成交價作觸發的。

交易訊號所記錄的價格就是觸發買進動作當下的成交價，通常我們真的成交回來的價格會是外盤價，比如當時成交價在8000，下單機丟出買進單的成交回報通常會是8001，但是回測裡的交易明細會用8000來做為這筆多單的成本，這是必須先知道回測與真實執行時的落差。

因此，我們必須在觀察回測報表時先把這個實際上真的會發生的因素納入，這就是交易成本設定的由來。在買進的時候會因此產生1點的差距，有進場就有出場，賣出當然也會產生1點的差距。再來，每一口單的交易都必須付出手續費與交易稅，撇去能

談到更低手續費的談判能力不說，以寫這本書的這個時空，我想取得一趟來回的手續費加上交易稅大約1.5點來做交易成本應該不為過。

再者，還有一個狀況：快市。剛剛說到買進賣出通常會買在外盤賣在內盤各會產生1點的訊號價與成交價的差距，但是在行情速度快的時候，常常連外盤、內盤的成交價都不可得，甚至有滑價三點、五點甚至十點都會的狀況發生，所以在交易成本的設定上，也必須把這個部分考量進來，多用一些交易成本的設定來覆蓋可能有快市的發生，實際上近兩年的快市頻率市越來越頻繁了。

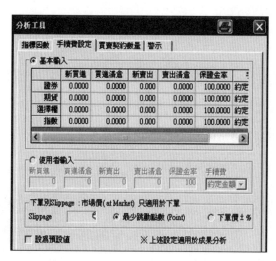

面對現實，設定交易成本在6點算是合理的評估。

買進實際成交外盤價 扣 1 點

放空實際成交內盤價 扣 1 點

期交稅+手續費≒ 扣 1.5 點

多留 2.5 點做快市的滑價

做好了交易成本的設定之後，不是直接去看回測績效的統計，而是先確認一下交易明細的單筆計算是否正確，也許交易成本設錯，也許要套用的標的物搞錯都有可能。

買賣成果分析 - ⑭均線:台指期(日, 1992/08/25 ~ 2011/09/23)				
用excel傳送	基本分析金額		0元	重新試算
順序買賣	日期	時間	價格	數量收益
1	1992-10-13	13:45:00	3,607.00	1
賣出	1992-10-15	13:45:00	3,707.00	-21,200.00
2	1992-10-17	13:45:00	3,726.00	1
買進	1992-10-28	13:45:00	3,626.00	-21,200.00
3	1992-12-08	13:45:00	3,760.00	1
買進	1992-12-16	13:45:00	3,697.00	-13,800.00
4	1992-12-16	13:45:00	3,697.00	1
賣出	1993-02-03	13:45:00	3,542.00	29,800.00
5	1993-02-03	13:45:00	3,542.00	1
買進	1993-04-30	13:45:00	4,581.00	206,600.00
6	1993-04-30	13:45:00	4,581.00	1
賣出	1993-05-08	13:45:00	4,681.00	-21,200.00
7	1993-05-18	13:45:00	4,447.00	1
賣出	1993-07-26	13:45:00	4,061.00	76,000.00
8	1993-07-26	13:45:00	4,061.00	1
買進	1993-07-31	13:45:00	3,961.00	-21,200.00
9	1993-08-03	13:45:00	3,951.00	1

| 成果分析 | 買賣內容 | Daily | Weekly | Monthly | Annual | Graph |

在「買賣內容」裡面看看每一筆交易的作多／作空所產生的損益再扣去交易成本後是否正確？以前面那張圖的的第四筆交易為例：

空3697，出場3542＝價差155×200

＝31，000

價差獲利31000－交易成本6×200

＝29800

　　這就是正確的損益計算，找一筆來驗證就行了。

　　這是交易績效累積曲線圖（Equity Curve），就是把過去歷史上每一筆損益累積起來畫成的的曲線圖，假設過去你的交易程式真的就參與到這些行情也有如實成交到的話，這會是你交易帳戶裡面資金變化的樣子。

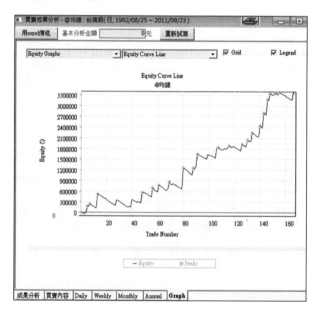

這是本書前面用來作程式語法的範例，至少看到的是往右上前進，像是個走多頭的樣子，希望未來您的帳戶也是多頭走勢。

下圖以年為單位切分的權益統計，就是以年度的角度去觀察交易策略在每一年的表現如何。以我接觸到的，多數想要或是正在程式交易，或者應該說只要是還在投機交易的人，對於交易的所謂獲利「穩定」這兩個字，都抱有太多的幻想。很多人追求每個月都賺錢、每一週都賺錢，甚至是每天都賺錢，我真的很想說：投機交易沒有「穩定」這種事，至少不是多數人所想像、所預期的穩定，如果交易中存在這種穩定，定存就成了一種天大的愚蠢。能夠有每年都能獲利的交易策略就已經是很好很好的目標了。

買賣成果分析 - ◎均線：台指期（日，1992/08/25 ~ 2011/09/23）

用excel傳送　基本分析金額　0元　重新試算

Annual Analysis (Mark-To-Market)

Period	Net Profit	% Gain	Profit Factor
12 Months	-24,200.00	-0.72%	0.92
2011	-140,500.00	-4.06%	0.60
2010	42,200.00	1.23%	1.28
2009	639,100.00	23.00%	16.22
2008	581,700.00	26.48%	4.21
2007	256,600.00	13.23%	2.97
2006	72,200.00	3.87%	1.54
2005	77,700.00	4.34%	2.85
2004	-49,500.00	-2.69%	0.51
2003	240,700.00	15.06%	4.82
2002	12,300.00	0.78%	1.06

Annual Rolling Period Analysis (Mark-To-Market)

Period	Net Profit	% Gain	Profit Factor
2011 ~ 2011	-140,500.00	-4.06%	0.60
2010 ~ 2011	-98,300.00	-2.88%	0.80
2009 ~ 2011	540,800.00	19.47%	2.00
2008 ~ 2011	1,122,500.00	51.10%	2.55
2007 ~ 2011	1,379,100.00	71.09%	2.61
2006 ~ 2011	1,451,300.00	77.71%	2.47
2005 ~ 2011	1,529,000.00	85.42%	2.48
2004 ~ 2011	1,479,500.00	80.43%	2.31
2003 ~ 2011	1,720,200.00	107.59%	2.44
2002 ~ 2011	1,732,500.00	109.20%	2.25
2001 ~ 2011	2,161,000.00	186.61%	2.43

成果分析　買賣內容　Daily　Weekly　Monthly　**Annual**　Graph

再來大家愛看的回測數值，在這張報表上，我通常只關心其中幾樣而已，不過我會介紹最簡單的。

買賣成果分析 - @均線 - 台指期(日, 2001/01/03 ～ 2010/07/13)

用excel傳送　基本分析金額 [　　　] 元　重新試算

	全體	買進	賣出
純益	2,167,400.00	1,355,600.00	811,800.00
未結算收益/損失	4,000.00	4,000.00	0.00
總益	3,197,000.00	1,839,400.00	1,357,600.00
總損失	-1,029,600.00	-483,800.00	-545,800.00
交易回數	67	31	36
升率(%)	32.84	35.48	30.56
收益交易回數	22	11	11
損失交易回數	45	20	25
最大收益	430,600.00	430,600.00	411,400.00
最大損失	-44,200.00	-44,200.00	-36,200.00
平均收益	145,318.18	167,218.18	123,418.18
平均損失	-22,880.00	-24,190.00	-21,832.00
平均收益比率(倍)	6.35	6.91	5.65
平均各買賣損益	32,349.25	43,729.03	22,550.00
最大連續收益買賣數	3	2	2
最大連續損失買賣數	7	6	9
平均收益Bar數	64	76	50
平均損失Bar數	8	9	6
最大評價損失幅	-171,000.00	-156,800.00	-302,800.00
賠償比率	3.11	3.80	2.49
最大未結算數	1	1	1
最小必要成本	171,000.00	156,800.00	302,800.00
最小必要成本漲跌純益(%)	1,267.49	864.54	268.10

成果分析　買賣內容　Daily　Weekly　Monthly　Annual　Graph

升率：就是勝率啦，把賺錢的次數除以總交易次數，在經驗中，如果歷史回測都低於百分之三十的話，通常，實際執行的時候跟單的我們滿容易因為常態性的挫折而導致放棄，不管這個策略是否會賺錢。勝率不必高，市面上各大名師常喊的八九成的勝率，我認為是唬爛的，但是太低的勝率會讓人一直處在每次進場就有賠錢的自我暗示氛圍，在這種情緒下，放棄就成了一件必然的事情。

交易回數：回測時間內所發生的交易總次數。基本上，程式

交易，或是說所有固定模式的交易都是一種統計的遊戲。

統計的是這個固定的交易模式，在對象市場裡有多少的預測成功進而獲利的能力，如果過去十年策略只交易了兩次，兩次都獲利，因此我宣稱我有一個能在台指期百分百的賺錢策略，你覺得如何？大概會覺得我是白痴吧。交易的次數其實就是交易策略對該市場特性的抽樣，抽樣次數越多，越能表示交易策略的統計有效性。而且因為我們是把每次交易都預扣交易成本去計算，越高的交易次數其實會產生更不利的損益成果，如果在高交易次數的狀況下，還能有淨利的產生，更能顯現策略未來真的能產生獲利的可能。

賠償比率：就是把賺到的錢除以賠掉的錢，在過去歷史中的交易必然是有賺也有賠，把所有獲利交易產生的總金額除以賠錢交易的總金額，就產生這個賠償比率。這是類似獲利風險比的概念，我們要賺到多少錢是建立在賠掉多少錢才能取得。個人經驗是，如果看到這個數值在4以上，我會直覺判斷有問題，如果不是歷史過度最佳化，就有可能是交易次數太少。當然，也有可能是你找到交易的聖杯，那麼我就懷著嫉妒的心情，先對你說聲恭喜囉。

最後，這是我最重視的數值，最大評價損失幅度。

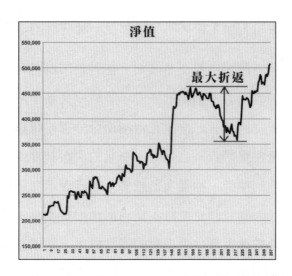

用上面這張圖來表達它的概念，圖中的曲線就是前幾頁的「交易績效累積曲線」，在交易績效創下一個高點之後的交易陸續有賺有賠，但是創高之後累計起來是逐漸走低的。從每一次創高後的往下走的最低點的幅度，就是最大評價損失幅度，也就是圖中所畫的最大折返。最大評價損失幅度是包含盤中未平倉曾經發生最大可能損失的，所以不是平倉後所產生的。

我是用這個數值去做執行交易策略所需要的資金準備的，如果資金準備不足，即便未來交易策略的績效可以再創新高，對於已經賠光的帳戶是一點用處也沒有的。

不過，我不是直接以這個數值來推算必須準備多少錢去跟隨交易策略的執行，這在後面的章節會有敘述。

第三章
交易策略開發流程

▼ 歷史資料過度最佳化

程式交易中，把策略想法轉換成程式的程式碼編寫能力其實是最初階的部份，雖然必須注重的還有像是資金管理等課題，但是說到最源頭，如果連一個可信賴的交易策略都沒有，即使有資金管理，充其量也不過就是讓被市場淘汰的日子往後延而已。經過這些年的交易經驗，我反而對於該如何安排資金，讓手上的交易策略能度過最黑暗的時期有不同的想法。

當你掌握了自行編寫程式碼的能力，清楚地知道了使用程式軟體平台的可為與不可為的界線之後，交易這件事情回到了出發點：一個有效的交易策略。只有當我們真的至少擁有一個有效的交易策略之後，其後圍繞而延續的課題：資金準備、風險的管理、個人喜好的偏向、交易目標的選擇等等才有會有意義。

從此處開始，如果您還是尚未自行編寫交易程式的話，也許讀來就有如隔靴搔癢。我要從「歷史過度最佳化」講起。這是我認為程式交易的路上一個最大的障礙，這個幾乎無所不在的迷思，會把我們的信心、資本拖入無底深淵，甚至因為個人精於程式編寫，以為自己無所不能，便迷上創造美麗歷史回測績效，在未來的實際交易裡成天修改程式碼，帳戶裡卻一無所獲，甚至連人生經營的智慧都失去。

　　讓自己的策略在歷史上回測有良好的表現是每個人必有的慾望，有誰不希望自己手上的策略至少在過去有很好的獲利表現，最好連必須的風險承受都很低呢？問題在於，不斷追求歷史回測，往往就陷入了過度歷史最佳化的陷阱之中。這個一直想要有好的回測表現的慾望，我認為對交易人來說，稱之為「魔障」一點都不過分。我身邊的交易人深受這個魔障所困的所在多有。或許您現在還沒有真的開始程式交易，無法體會這件事情的恐怖；也或許您現在就是處在不斷在修改自己的交易程式，看起來回測都很好，但是實際交易卻是背道而馳的狀態，如果真的是這樣的話，我想您已經陷入這個可怕的陷阱了。

　　避免掉入對歷史資料過度最佳化的這個陷阱，我認為只有採取正確的策略開發流程才能自救，但是在後續我將要敘述的策略開發流程，真的如實作業後，是不是真的就可以「保證」產出的交易策略絕對不會是過度最佳化的產物了呢？坦白講，我不敢說，但是可以預見的是這機率肯定很低，因為這樣的作業流程會讓我們很難「作弊」，很難看著答案寫考卷。

　　因為即使遵守了策略開發作業流程所產出的交易策略，依然有可能是過度最佳化的，所以我另外採用對交易策略本身設定停損的機制，這部份我認為是程式交易裡面最重要的，甚至，如果您的交易策略本身真的是過度最佳化，都可以讓它對我們的帳戶

不造成很大的傷害。

從這裡開始，我們轉換了心態，交易程式不過是我們經營交易這個事業下所聘來的員工，設定一個停損的範圍去容許這個員工犯錯，一旦這個員工犯錯幅度過大就是開除，終止它對事業的傷害，即便這個員工在面試的時候吹牛吹得天花亂墜都無所謂了。

過度歷史最佳化這個無所不在的問題，遵守策略開發流程與設定策略本身的停損就是解決的辦法。

以策略開發流程來降低交易策略對歷史資料過度最佳化的可能性，再以策略停損的設定，降低仍然有可能過度最佳化的真實帳戶傷害風險。

策略的有效性

▶ 參數對績效的影響

在開始談交易策略的開發流程之前，先談談參數對績效的高原現象。這是一個檢驗交易策略是否有參數過度最佳化的有效方式。

交易策略的程式中不可避免會使用參數，在網路上可以看到前輩提出，選取績效表現呈現高原現象的參數群中的參數，比較能避免選到過度最佳化的的參數。

舉個例子來說，像是均線的站上作多、跌破作空，就至少會用到一個參數，如果兩條均線的交叉去決定多空，就會有兩個參數，而參數的選擇肯定就直接影響績效的表現，這裡所指的表現其實不只單單就是淨利，還包括最大評價損失（MaxDrawDown），獲利因子等等各項統計數據。所有的程式交易軟體都會提供參數最佳化的功能，什麼是最佳化？它讓我們在選定的參數上指定一個範圍區間與間隔，幫我們把所有的參數組合所產生的個別績效都羅列出來給我們做比較參考。

在前面用來作為範例的均線策略裡就使用了三個參數，以此為例，最佳化的功能是這樣作業的。我選擇短均線的參數從1到

10，中均線的參數從11到30，讓軟體幫我去跑出所有參數組合的每一種回測結果。如圖：

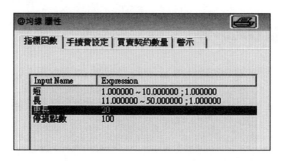

這裡就有10×40多達400種的組合。而任何交易策略的參數經過這樣的最佳化，何愁找不到可以獲利的參數呢？問題在於，我們能很有把握的說這樣回測出來的參數就是找到市場的秘密了嗎？原來賺錢這麼容易啊！已經有實際交易經驗的人肯定會給予否定的答案，如果只是這樣跑一跑最佳化，就能在未來輕鬆賺錢，那也未免太容易了吧。

因為經過如此暴力式搜尋績效表現最好的參數組合其實很有可能是這我們所選用的歷史資料剛好讓這組參數的表現可以按一百個讚，這只表示「巧合」！這組參數是不是在未來可以表現依舊亮眼？值得懷疑。所以有所謂的參數高原現象的理論提出。

參數績效高原現象指的是在經過一大串參數組合測試後，把每一組參數及其對應的績效表現（通常就採用淨利潤），畫成3D

圖形來觀察，如下。

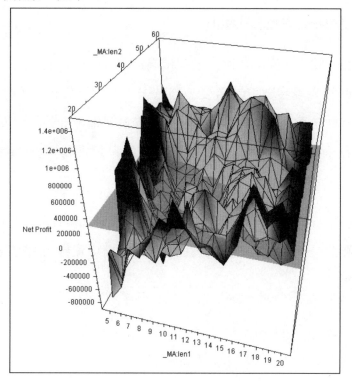

　　上面這圖是用兩條均線的交叉去買進／放空所產生的，而
在這個例子中絕大多數的參數組合的獲利都在0以上，這就顯示
出，選用哪一組參數基本上都能獲利，只是獲利的程度不一而
已。這表示交易策略中的參數對於績效的表現影響並不敏感，而
交易策略是由交易邏輯與選用的參數所構成，既然參數對績效表
現的影響不大，而這個交易策略在這種情況下多數都能獲利，表
示交易策略內的邏輯本身就具有獲利的能力。而這也就是為什麼

許多人推薦用參數最佳化的結果是否具有所謂的高原現象,來判斷交易邏輯是有獲利的能力。

在經驗中,交易策略內的邏輯規則本身就具有獲利能力遠比尋找好的表現參數更為重要,因為未來的行情變化幅度往往就決定參數是否表現良好?所以,如果交易規則本身就具有獲利能力,在未來的行情變動中,比較有可能只是獲利多少的問題而已。

我本身的經驗,這樣判斷交易策略是否有參數過度最佳化的問題雖然是一個很好的方式,但是卻不如歷史資料切割的策略開發流程。

▶ 交易策略開發流程

　　有真的把交易程式上線去作交易的人應該幾乎都有這樣的經驗，當我決定好這個交易策略的一切，在今天回測的時候，它的績效曲線長成下面這張圖的左半部：

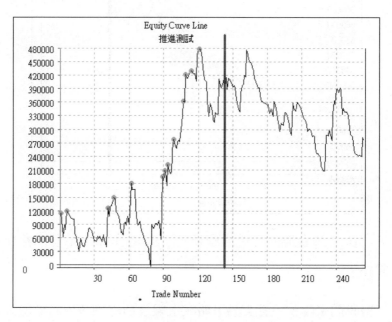

　　但真實的交易了一段時間的帳戶表現卻是上圖的右半部。

　　剛剛那個例子是最佳化比較少，如果要更貼近大家心中的痛的話，可能就是這樣子的：

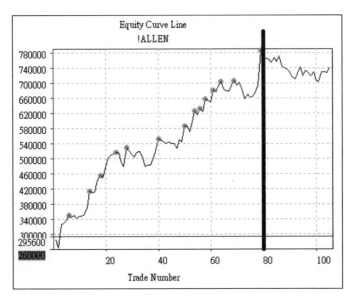

　　上線之前它是你心中的聖杯，上線之後可能從聖杯變身為「靠杯」……。

　　對我們來說，不管交易策略在上線之前經過多少的檢驗去企圖證明沒有搞過度最佳化，我認為歷史行情最佳化是不可避免的，何不乾脆承認這個事實？策略開發到後來，市場周知的交易策略多半不是選擇在參數下手，要不就在其變形做手腳，不管如何，我都得面對從上線起那一天開始的未知。

　　於是，對歷史資料作切割的策略開發流程是我認為真正的解

方：假裝自己寫成這個策略時間是在「幾年前」。這也就是所謂的Inside sample／Outside sample。

人的大腦有記憶功能，歷史行情的走勢多少會在我們的腦袋裡留下印象。好險，人腦的記憶功能不如預期中的好，我們可能記得昨天的走勢、前天的走勢甚至記憶力過人的記得著一個月內每天的走勢，但可以記得住兩年、三年內每天走勢的人不是我，我想您大概也不是。

利用我們腦袋記憶力不夠強這個特點，在開發交易策略的時候只使用過去歷史資料中的某一段，而不是使用全部可得的資料。

開發交易策略的時候，不可避免地會先在心中想好所要作的交易規則，程式化，確認交易訊號正確，然後看回測報表。通常成果不滿意，不是做一下參數最佳化，就是直接修改交易規則或是增加濾網等等，其實都無所謂。最重要的是在這句：「決定了，就是你，去吧！（模仿皮卡丘台詞）」要用的策略規則與參數都是在截斷的歷史資料內做，就算要做暴力最佳化都行，只要假裝寫好這個策略程式的日期是在幾年前。

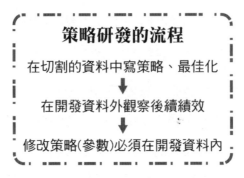

因為，我們是在過去的切割資料內作策略開發與參數最佳化，得到模擬在多年前已經寫好策略，接下來當然就是看看，如果當年就已經寫好這個策略，後續的幾年到底表現得如何呢？

這樣的作法就解決了不管我們是否有參數最佳化，都能在其後數年的歷史資料去驗證，當年做好的成果在未來是否能持續有效了。如果這樣把歷史資料分割成開發用所得的交易策略，在開發用以外的資料（測試用）也能得到不錯的表現，那不管你的交易策略是否過度最佳化，我想，它都具有一定程度的獲利能力。

透過這樣的開發流程，讓我們得以模擬未知的明天、明年。

如果你還想知道每過一段時間就去做一下參數最佳化，是否能得到績效表現延續的效用，這就得採用移動窗格測試了，在這本書就不做介紹了。

基本上我並不贊成每一段時間就跑一下近期資料的最佳參數，然後改用前一段日子表現最佳的參數來作為未來一段時間交

易策略的參數選用。或許真的「能賺錢就是好方法」，但是這樣不斷更動參數的方式很容易陷入過度最佳化的陷阱之中，這可是個很可怕的誘惑！

▶ HTS實作入門

在HTS這個一般散戶大眾取得成本最低廉的軟體，不像其他如TradeStation或是MultiCharts那樣，要只使用某一段區間的歷史資料來做為策略的開發使用，只需要在商品的引用資料區間上直接做指定就好。

> ### 切割歷史資料看回測報表
> # 利用 BarNumber

利用HTS在所打開的K棒圖上，會從最左邊依序給予每根K棒編號的功能來做回測時的資料切割，即使在K棒圖上還是會看到不想拿來開發策略時使用的資料所組成的K棒，回測報表裡就是不會涵蓋到開發策略用的資料以外。

以下是一個用來解釋使用方式的例子。用30日均線的方向來做多或是做空。

```
Param:Length(30)
Vars:BC(False),SC(False)

BC= MA(CLOSE,Length) > MA(CLOSE,Length)[1]
SC= MA(CLOSE,Length) < MA(CLOSE,Length)[1]

If BC=True then
    Buy next bar Market
End if

If SC=True then
    Sell next bar Market
```

改成

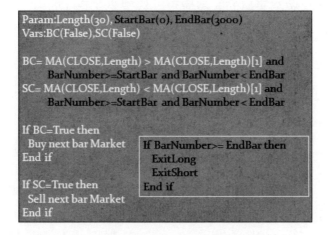

```
Param:Length(30), StartBar(0), EndBar(3000)
Vars:BC(False),SC(False)

BC= MA(CLOSE,Length) > MA(CLOSE,Length)[1] and
    BarNumber>=StartBar  and BarNumber< EndBar
SC= MA(CLOSE,Length) < MA(CLOSE,Length)[1] and
    BarNumber>=StartBar  and BarNumber< EndBar

If BC=True then                If BarNumber>= EndBar then
  Buy next bar Market            ExitLong
End if                           ExitShort
                               End if
If SC=True then
  Sell next bar Market
End if
```

　　來看看把原有程式碼做這樣的修改後的效果，參數的設定就可以指定以K棒的編號來指定使用的區間了。

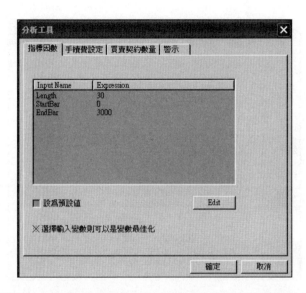

回測報表上的交易明細也就可以看到這樣切割歷史的作用效果了。

操作流程是這樣的，先取用前面一段的資料來開發策略，需要的話也做最佳化，可以看看最佳化報表裡面的群聚現象，也就是參數高原現象（HTS無此功能）。

Index	▲Length	NetProfit	GrossP	GrossL	#Trds	%Profit	#WTrd
1	5	-690,800.00	4,400.00	5,200.00	663	28.36	1
2	10	-191,600.00	2,800.00	4,400.00	426	30.99	1
3	15	-243,400.00	4,200.00	7,600.00	302	30.79	
4	20	-650,600.00	4,400.00	5,000.00	266	25.56	
5	25	15,000.00	4,600.00	9,600.00	227	29.07	
6	30	-96,200.00	3,600.00	9,800.00	226	24.78	
7	35	349,200.00	1,200.00	2,000.00	166	31.33	
8	40	369,000.00	6,600.00	7,600.00	146	41.78	
9	45	79,600.00	5,600.00	6,000.00	140	35.71	
10	50	-206,400.00	2,600.00	9,000.00	112	31.25	
11	55	56,400.00	5,600.00	9,200.00	113	34.51	
12	60	-3,000.00	5,200.00	8,200.00	141	26.95	
13	65	-112,800.00	2,000.00	4,800.00	129	28.68	
14	70	-48,200.00	4,400.00	2,600.00	122	32.79	
15	75	-96,800.00	4,200.00	1,000.00	162	33.95	
16	80	-60,000.00	4,600.00	4,600.00	130	30.77	
17	85	7,000.00	7,600.00	0,600.00	131	32.82	
18	90	-205,200.00	9,200.00	4,400.00	131	28.24	
19	95	-26,600.00	6,400.00	3,000.00	117	31.62	
20	100	3,200.00	5,000.00	1,800.00	106	26.42	

■ Strategy Optimization Window

　　從以上的最佳化報表看到，有產生獲利勉強稱得上有一群的也只有均線長度從35到45的這三個而已。（其實通常在開發策略這一階段看到這個現象，我就會直接把這策略打槍了。）

　　繼續完成後續的作業，如果當初選用了能獲利的這三個參數，在隨後歲月會是怎樣的狀況呢？

	全體	買進	賣出
純益	-144,800.00	61,600.00	-206,400.00
未結算收益/損失	0.00	0.00	0.00
總收益	910,000.00	562,200.00	347,800.00
總損失	-1,054,800.00	-500,600.00	-554,200.00
交易回數	163	81	82
升率(%)			24.39
收益交易回數			20
損失交易回數			62
最大收益			81,800.00
最大損失			-30,400.00
平均收益			17,390.00
平均損失			-8,938.71
平均收益比率(倍)			1.95
平均各買賣損益			-2,517.07
最大連續收益買賣			2
最大連續損失買賣			9
平均收益Bar數	30	40	22
平均損失Bar數	8	8	8
最大評價損失幅	-305,200.00	-131,600.00	-307,000.00
賠償比率	0.86	1.12	0.63
最大未結算數	1	1	1
最小必要成本	425,200.00	251,600.00	427,000.00
最小必要成本源漲跌純益	-34.05	24.48	-48.34

Test 屬性

指標因數 | 手續費設定 | 買賣契

Input Name	Expression
Length	35
StartBar	2500
EndBar	5000

均線長度35的圖片中純益：虧損！

但開發資料區可以賺34萬喔。

	全體	買進	賣出
純益	-132,400.00	67,800.00	-200,200.00
未結算收益/損失	0.00	0.00	0.00
總收益	855,600.00	485,800.00	369,800.00
總損失	-988,000.00	-418,000.00	-570,000.00
交易回數	145	72	73
升率(%)			26.03
收益交易回數			19
損失交易回數			54
最大收益			79,000.00
最大損失			-53,400.00
平均收益			19,463.16
平均損失			-10,555.56
平均收益比率(倍)			1.84
平均各買賣損益			-2,742.47
最大連續收益買賣			2
最大連續損失買賣			17
平均收益Bar數			26
平均損失Bar數	9	9	8
最大評價損失幅	-275,600.00	-95,000.00	-321,800.00
賠償比率	0.87	1.16	0.65
最大未結算數	1	1	1
最小必要成本	395,600.00	215,000.00	441,800.00
最小必要成本源漲跌純益	-33.47	31.53	-45.31

Test 屬性

指標因數 | 手續費設定 | 買賣契

Input Name	Expression
Length	40
StartBar	2500
EndBar	5000

均線長度40的圖片中純益：還是虧損！

開發資料區可以賺36萬耶。

	全體	買進	賣出
純益	-132,400.00	67,800.00	-200,200.00
未結算收益/損失	0.00	0.00	0.00
總收益	774,200.00	473,800.00	300,400.00
總損失	-906,600.00	-406,000.00	-500,600.00
交易回數			75
升率(%)			20.00
收益交易回數			15
損失交易回數			60
最大收益			54,400.00
最大損失			-41,400.00
平均收益			20,026.67
平均損失			-8,343.33
平均收益比率(倍)			2.40
平均各買賣損益			-2,669.33
最大連續收益買賣數			2
最大連續損失買賣數			17
平均收益Bar數			28
平均損失Bar數	9	10	8
最大評價損失幅	-313,200.00	-144,400.00	-320,600.00
賠償比率	0.85	1.17	0.60
最大未結算數	1	1	1
最小必要成本	433,200.00	264,400.00	440,600.00
最小必要成本漲跌純益	-30.56	25.64	-45.44

Test 屬性

指標因數	手續費設定	買賣契

Input Name	Expression
Length	45
StartBar	2500
EndBar	5000

均線長度45的圖片中純益：又是虧損！

開發資料區至少有賺……。

　　從這個例子我想應該可以充分表達這樣的開發策略流程的意義所在了。

　　在交易策略開發的過程中，當然我們是很少有機會是在開發資料區編寫好程式，看看覺得不錯，然後改看測試資料區的績效也一如開發資料區那邊的表現，一次到位地看到從開發資料區的績效表現延伸到測試資料區，如果有的話，真是幸運。但那可能

其實是拿一個已經用全段歷史資料做完最佳化的策略，Coding 打字上去，按照流程的形式做一遍而已。

　　一個優質、有效的交易策略就算沒有去做回測也不會降低它的獲利能力，但是好的策略應該要能通過這麼機車的流程測試。

　　既然，實際上多數的交易策略開發都不會是一次成功，修修改改的過程是必然的，重點就在於這個修改的過程。如果第一次把開發區修好的策略放進測試區卻顯現出沒有獲利能力的話，我會勸你不要修了，放棄這個「想法」。通常有效的交易策略即使粗糙，都應該要有一點點的獲利能力，不該直接搞出淨利的負值出來。

　　交易策略絕大多數都有參數，很少有沒參數的交易策略，比如K棒組合型，那種所謂的參數其實不容易去明顯定義。在第一回合的開發區測試時，如果交易策略是有參數的話，先做一次參數對績效是否有高原現象的觀察，如果有高原現象，但是選定的參數在測試區的表現卻不令我們滿意的話，通常這就意味著恐怕這個策略的參數對績效的影響程度比之前想像的還高。不過，這不是非常大的缺點，畢竟過去的已經過去。

　　而如果要修改的是策略內的規則呢？請把它當成一個新的策略開發來做。是的，再來一次，在開發區改規則，重新選好參

數，再去看測試區的績效表現的情形。不要因為想偷懶就乾脆在測試區直接修改成你喜歡的資料，那就失去了把歷史資料切割成開發區與測試區的意義了。還記得我們要的是模擬交易策略在幾年已經寫好，上線交易幾年會是怎樣的狀況嗎？

如果你已經很熟練了，也許改用不同的軟體時，會想到乾脆開兩張圖表，各自定好資料區間為開發區與測試區，然後就對交易策略開始做修改，一次對兩邊的圖表做觀察，的確，這麼做效率比較高，也不是不可以，畢竟這樣沒有違背這個「策略開發實驗室」的初衷。不過，在多次修改交易策略的過程中，也許你突然發現某一版本（參數、規則）會讓開發區變差、但是測試區變好，你會不會就想用這個版本？請拒絕這個誘惑！

當我們在2008年開發策略的時候，有可能選用當時表現較差的參數或是規則讓它上線交易嗎？不要騙自己，誰都不會這樣做！所以，同時開著兩邊各自不同時日期區間圖表就會有這樣的誘惑，因為人難免就會想：過去的都已經過去那麼久了，也許市場生態改變了，最近表現比較好的未來一段時間也會表現比較好吧！這是正確的嗎？如果這是對的，那我們何不直接用全部的歷史資料去做開發，選表現最好的參數，直接上線就好？該做與不該做只有你自己可以決斷，反正交易帳戶會給予最公平的審判。

策略研發實例──簡單的通道就能賺

在波段交易策略中，要賺的錢就是大範圍價格移動產生的價差，而且因為要賺的是大波段的價差，通常我們不會採取很聰明的方式：低接高空，那是猜轉折的高難度技巧。追隨價格走勢，希望價格真的有單方向的大幅度移動，讓我們能賺到其中價差，均線就是一個很好的選擇，只是均線當然也有缺點。

最簡單的操作策略：收盤站到均線以上就作多，收盤跌到均線以下就翻空。來看看市場行情怎麼牽動我們那不安定的心。這是一張放上了季線的K線圖。

C=7,155 H=7,214 L=7,116 V=98,790　MA=7,307.92

最高：7,518 (2006/05/08日)

最低：6,211 (2006/06/08日)

06　　F　　M　　A　　M　　J　　J

當已經發生了這麼大的波段走勢，你會不會想：季線實在是太慢了，高檔7518下來那麼多才破線而多單翻空，這至少就把咬在嘴裡六、七百點的獲利給吐了回去！

早知道這波段會這麼大的話，跟緊一點，用月線好了。

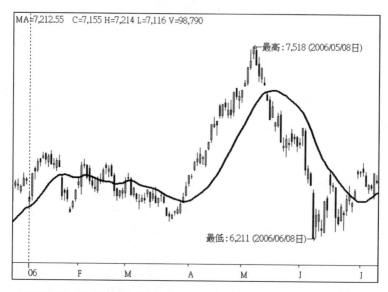

MA=7,212.55　C=7,155 H=7,214 L=7,116 V=98,790

最高：7,518 (2006/05/08日)

最低：6,211 (2006/06/08日)

很明顯，月線就聰明多了，至少高點下來的破線翻空點提早了三百點，而且連往上漲這一大波的走勢，都能提前個一百點左右進場作多，這一來回差得可多了！

既然月線都有比季線讚這麼多的效果，那用十日線或是五日線呢？這就留給你自己打開電腦看看吧。如果就用上面兩張圖來推銷神祕參數均線的效果，那就跟一般的投顧、大師沒什麼兩

樣，幾乎所有的理論或是書籍，都只是舉成功的例子，但交易並不是只看成功的案例，失敗的訊號帶來多大的傷害才是制定交易策略更應該納入評估的，而這也是程式交易的強項！

當我們看到趨勢走勢的出現以後，領悟到原來短一點的均線比長期的均線好用時，請看看下面這張圖。

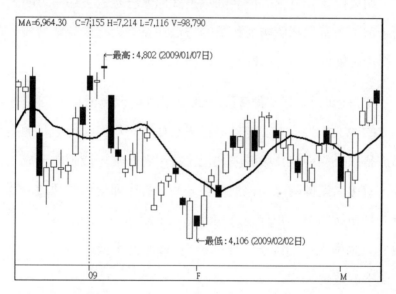

MA=6,964.30　C=7,155 H=7,214 L=7,116 V=98,790

最高：4,802 (2009/01/07日)

最低：4,106 (2009/02/02日)

09　　　　　F　　　　　M

在這樣的橫盤區間裡面，我想大家都沒有興趣去數一數站上均線作多、跌破均線作空會有多……腫。

透過以上的敘述，我們現在可以提出一點暫時的結論：對於大波段的單向價格走勢來說，均線肯定可以有很好的帶進帶出效果，都能賺錢，只有獲利的大小差異而已，但是進入盤整時期卻

有不可避免的打耳光副作用。作為一個交易策略，問題就在盤整盤的這一段，是吧！

如果我們能在盤整時期降低損失，均線本身就會是一個簡單好用的策略了。

如果你哪天聽到哪位名師只是教你怎麼賺過去那一段的大行情，卻不告訴你那個賺大行情的方法在沒有大行情時會怎樣，在心裡冷笑就好，別擋人財路，會顧人怨的。

在這個Case中，我嘗試降低盤整時期因為價格來回擺盪所造成的多次損失，方法是以通道去取代單一均線。什麼是通道？通道是以一條均線為中軸，往上、往下各多加一段距離形成上下緣，看起來就像兩條均線把價格分布夾起來而呈現的通道。我喜歡的是布林通道，布林通道在計算上下緣與中軸的距離時引進了市場波動率大小的因子，讓每一根K棒的上下緣距離內含了當下波動率的成份。

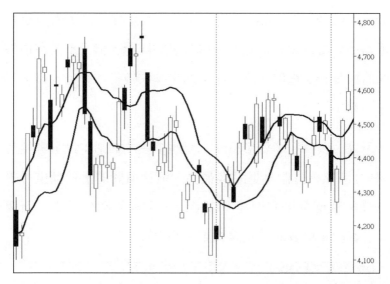

　　這裡就要麻煩讀者做一下功課，算算看收盤站上通道上緣作多、收盤跌破下緣作空，在這同段時間內的被巴程度是不是比相同均線的站上、跌破要少？

　　其實這只是應用了國內高官教的：「不賣就不賠」嘛！是的，在一定程度內盡量抱著單子去度過盤整的時期，這是一種應付盤整的方式，只是真的被巴中的時候，那樣的痛可就是被大幅放大了。因為上下緣所夾的距離越長，單子抱在手裡不會動的機率就越高，換言之我們不會實現損失，但是一旦價格去點破上下緣時，單筆損失也必然被放大。這叫有一好沒兩好。

　　在過去的經驗中，人對於一次重大打擊的承受力遠小於多次的小打擊，這裡賠50、那裡賠60，後來再賠40，其心理衝擊會

小於一次賠掉120。因此,對於盤整,我想採用的應對方法是把通道縮小,既比單一均線多一些容忍的緩衝,但又不要在損失實現的時候是一次重擊,讓一記上鉤拳換成被打個耳光,甚至只是彈一下額頭。

所以,我採用了對價格變化反應很快的通道:以上影線及下影線中計算K棒實體高低點與最高、最低價間的配置權重,去計算這樣配置權重後的均線,來形成上下緣的影線通道。兩個參數:在影線中與實體的距離權重、均線計算的長度。

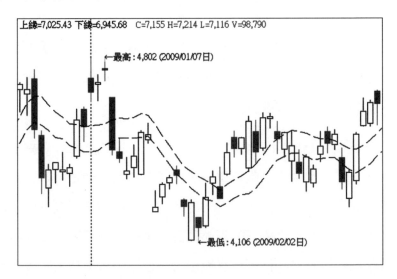

上線=7,025.43 下線=6,945.68　C=7,155 H=7,214 L=7,116 V=98,790

←最高:4,802 (2009/01/07日)

←最低:4,106 (2009/02/02日)

這兩條構成通道的指標程式碼如下：

```
Param:Length(10),Weight(0.7)

Value1= Weight*MA(Max(C,O),Length) +
        (1-Weight)*MA(H,Length)
Value2= Weight*MA(Min(C,O),Length) +
        (1-Weight)*MA(L,Length)

Draw1(Value1,"上緣")
Draw2(Value2,"下緣")
```

接下來讓我們來看看這樣兩條通道去盤中觸價就動作，其交易訊號在幾種不同的盤勢下會有怎樣的效果？這是剛剛一直用來比較的橫盤時期：

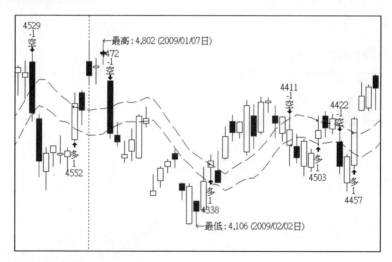

上漲趨勢明顯的時期：

下跌趨勢明顯的時期：

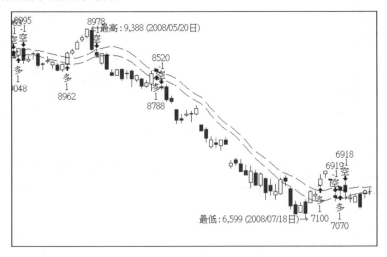

這就是程式碼了：

```
Param:Length(10),Weight(0.7)

Value1= Weight*MA(Max(C,O),Length) +
        (1-Weight)*MA(H,Length)
Value2= Weight*MA(Min(C,O),Length) +
        (1-Weight)*MA(L,Length)

Condition1= MarketPosition>=0
Condition2= MarketPosition<=0

if Condition1 then
    Sell ("空") N share next bar Value2 stop
elseif Condition2 then
    Buy   ("多") N share next bar Value1 stop
end if
```

看到這樣的程式碼，不知道有多少讀者會在心裡冒出疑惑？為什麼是這樣寫多單與空單的動作？請注意在這樣的架構下，因為通道的上下距離其實並不算大，發生同一天的高、低點都摸到的機率其實不算太低，而我是採用盤中觸價就動作，在沒有空手狀態的時候還無所謂。

當我要在這原始的概念開始加上一些濾網或是停利、停損之後，很可能會有兩邊觸價的問題，因此在設計上，我先入為主的以作空優先，只要空單的條件成立，就不管多單了。理由？「作多的時候小心再小心，作空的時候小心就好了。」

在這麼簡單的策略結構下，就能看到加計交易成本的回測已經可以呈現獲利的正值，而且最大折返其實不算太大。

	全體	買進	賣出
純益	1,446,800.00	866,400.00	580,400.00
未結算收益/損失	-7,800.00	-7,800.00	0.00
總收益	7,395,800.00	3,704,400.00	3,691,400.00
總損失	-5,949,000.00	-2,838,000.00	-3,111,000.00
交易回數	443	221	222
升率(%)	31.38	36.20	26.58
收益交易回數	139	80	59
損失交易回數	304	141	163
最大收益	283,000.00	246,000.00	283,000.00
最大損失	-98,400.00	-98,400.00	-61,600.00
平均收益	53,207.19	46,305.00	62,566.10
平均損失	-19,569.08	-20,127.66	-19,085.89
平均收益比率(倍)	2.72	2.30	3.28
平均各買賣損益	3,265.91	3,920.36	2,614.41
最大連續收益買賣數	4	3	3
最大連續損失買賣數	9	11	10
平均收益Bar數	13	13	13
平均損失Bar數	3	2	2
最大評價損失幅	-434,400.00	-531,000.00	-481,200.00
賠償比率	1.24	1.31	1.19
最大未結算數	1	1	1
最小必要成本	434,400.00	531,000.00	481,200.00
最小必要成本漲跌純益(%	333.06	163.16	120.62

交易策略的原始概念下可以看到純益正值，才代表這個策略有繼續發展的價值，如果你自己所想的交易策略，在剛開始就看到回測上的純益是負值，我會勸你，不要再多花時間在那個構想上面。

當然，多數的交易策略其原始構想的風險報酬比幾乎都是讓人不滿意的，沒辦法，不貪心的人怎麼會來市場投機呢？僅僅以上的數值，很難讓貪心的人滿足的！

這只是以一個範例來表達策略在開發的發想到測試的過程，其流程大致如下：

· 觀察歷史
· 發現規則
· 撰寫程式形成訊號
· 比對訊號的正確與否
· 觀察「買賣成果分析」，滿意？
· 空帳戶丟單測試
· 入金拼輸贏

當然，在觀察買賣成果分析的那個階段，千萬別忘了要謹遵前面章節所講的，把歷史資料切割為開發用樣本與測試用樣本，在初步觀察我們手上的策略是否有繼續研究下去的價值時，可以用全歷史資料做一下概括性的檢視：有賺嗎？但是別就開始修改及最佳化啊。

我想任何人都不會在還是發想階段、把原始想法寫成訊號，按下回測報表的啟動按鈕，看到有賺就上線了，如果這樣的話，我想你真的是一個很不貪心的人，那怎麼會想要來投機呢？

而且，這樣的策略有賺，是否是參數的巧合？各參數績效表現是否有未來延續性的測試都還沒做呢。

來把這個策略的程式碼做點修改，準備做資料切割測試與參數績效是否有高原現象的觀察。

```
Param:Length(10),Weight(0.7)
Param:StartDate(1010101),EndDate(1081231)

IF D>=StartDate and D<EndDate THEN

   Value1= Weight*MA(Max(C,O),Length) +
           (1-Weight)*MA(H,Length)
   Value2= Weight*MA(Min(C,O),Length) +
           (1-Weight)*MA(L,Length)

   Condition1= MarketPosition>=0
   Condition2= MarketPosition<=0

   if Condition1 then
      Sell ("空") next bar Value2 stop
   elseif Condition2 then
      Buy   ("多")   next bar Value1 stop
   end if

   if Date>=EndDate then
      ExitLong
      ExitShort
   end if
```

　　在開發樣本的資料區間內先用參數最佳化的功能，看看各組
參數對獲利的表現如何？

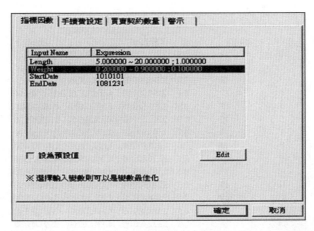

以2001年到2008年作為策略開發資料區間，去跑參數最佳化所得的報表如下，把淨利這一欄做遞增排列，看看賠最多是怎樣？沒有賠的耶！

Index	Length	Weight	NetProfit	GrossP	GrossL
1	5	0.2	1,911,800.00	6,482,800.00	-4,571,000.00
2	5	0.3	1,795,400.00	6,566,400.00	-4,771,000.00
3	5	0.4	1,963,200.00	6,724,200.00	-4,761,000.00
4	5	0.5	1,620,400.00	6,656,400.00	-5,036,000.00
5	5	0.6	1,815,800.00	6,806,000.00	-4,990,200.00
6	5	0.7	1,486,600.00	6,762,000.00	-5,275,400.00
7	5	0.8	1,390,000.00	6,783,200.00	-5,393,200.00
8	5	0.9	1,440,400.00	6,909,600.00	-5,469,200.00
9	6	0.2	2,177,400.00	6,368,400.00	-4,191,000.00
10	6	0.3	1,951,000.00	6,274,800.00	-4,323,800.00
11	6	0.4	1,896,800.00	6,313,200.00	-4,416,400.00
12	6	0.5	1,934,000.00	6,342,600.00	-4,408,600.00
13	6	0.6	1,559,800.00	6,284,600.00	-4,724,800.00

以淨利做遞減排列，看看賺最多的又是怎樣？

Index	Length	Weight	▼NetProfit	GrossP	GrossL
1	19	0.8	2,317,400.00	4,724,200.00	-2,406,800.00
2	18	0.8	2,276,600.00	4,820,200.00	-2,543,600.00
3	19	0.7	2,265,600.00	4,693,400.00	-2,427,800.00
4	17	0.4	2,262,200.00	4,801,200.00	-2,539,000.00
5	7	0.9	2,229,800.00	6,396,000.00	-4,166,200.00
6	18	0.9	2,221,200.00	4,831,000.00	-2,609,800.00
7	18	0.7	2,215,800.00	4,778,600.00	-2,562,800.00
8	19	0.6	2,209,800.00	4,660,400.00	-2,450,600.00
9	6	0.2	2,177,400.00	6,368,400.00	-4,191,000.00
10	17	0.2	2,175,400.00	4,712,000.00	-2,536,600.00
11	17	0.3	2,163,800.00	4,758,000.00	-2,594,200.00
12	19	0.5	2,150,400.00	4,621,400.00	-2,471,000.00
13	19	0.9	2,134,200.00	4,741,200.00	-2,607,000.00
14	18	0.6	2,132,400.00	4,731,200.00	-2,598,800.00
15	18	0.5	2,123,600.00	4,692,200.00	-2,568,600.00

Strategy Optimization Window

從淨利的最多到最少兩個方向觀察，在01～08年這段期間，這個策略在我選的參數區間內的所有組合通通都能獲利，而且淨利最大與淨利最小的差異度其實相當小，在這樣的情況下，就算不使用參數最佳化績效3D圖都能想像，這肯定具有參數績效高原。

兩個方向排序的結果表示，這個策略在這段資料區間內參數的選用對於績效的影響不大，從而推論這個策略的獲利能力來自於交易的邏輯本身。

「簡單的通道就能賺」。

再來，我們還需要觀察一下這個策略在2008年以後的表現會是如何？這就是要模擬假設我想到這個策略的時間點是在

2008年，也在那時候把策略上線去真實交易，其後數年我到底能不能賺到錢？

調整一下使用資料區間的參數：

接下來的步驟採用假設在2008年底寫好這策略，我會選用的參數的前幾名去跑，看後面這段「歷史中的未來」。而我選用參數的原則就不是淨利最大的，而是淨利／最大評價損失幅度：最小必要成本漲跌純益。在這個範例中，前三名是：

Index	Length	Weight	NetProfit	GrossP
1	18	0.8	2,276,600.00	0,200.00
2	19	0.7	2,265,600.00	3,400.00
3	18	0.9	2,221,200.00	1,000.00

當年第一名參數：Length(18)、Weight(0.8)

	全體	買進	賣出
純益	391,200.00	493,400.00	-102,200.00
未結算收益/損失	-39,600.00	-39,600.00	0.00
總收益	1,642,800.00	1,049,400.00	593,400.00
總損失	-1,251,600.00	-556,000.00	-695,600.00
交易回數	95	47	48
升率(%)	27.37	29.79	25.00
收益交易回數	26	14	12
損失交易回數	69	33	36
最大收益	241,000.00	241,000.00	192,000.00
最大損失	-64,600.00	-54,000.00	-64,600.00
平均收益	63,184.62	74,957.14	49,450.00
平均損失	-18,139.13	-16,848.48	-19,322.22
平均收益比率(倍)	3.48	4.45	2.56
平均各買賣損益	4,117.89	10,497.87	-2,129.17
最大連續收益買賣數	3	3	2
最大連續損失買賣數	9	7	9
平均收益Bar數	19	22	14
平均損失Bar數	3	3	2
最大評價損失幅	-323,000.00	-327,200.00	-318,000.00
賠償比率	1.31	1.89	0.85
最大未結算數	1	1	1
最小必要成本	323,000.00	327,200.00	318,000.00
最小必要成本漲跌純益	121.11	150.79	-32.14

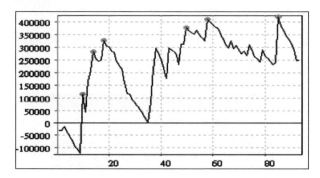

當年第二名參數：Length(19)、Weight(0.7)

	全體	買進	賣出
純益	248,800.00	423,000.00	-174,200.00
未結算收益/損失	-39,600.00	-39,600.00	0.00
總收益	1,565,200.00	986,400.00	578,800.00
總損失	-1,316,400.00	-563,400.00	-753,000.00
交易回數	93	46	47
升率(%)	25.81	28.26	23.40
收益交易回數	24	13	11
損失交易回數	69	33	36
最大收益	236,200.00	236,200.00	182,200.00
最大損失	-70,400.00	-53,800.00	-70,400.00
平均收益	65,216.67	75,876.92	52,618.18
平均損失	-19,078.26	-17,072.73	-20,916.67
平均收益比率(倍)	3.42	4.44	2.52
平均各買賣損益	2,675.27	9,195.65	-3,706.38
最大連續收益買賣數	3	3	2
最大連續損失買賣數	17	8	9
平均收益Bar數	20	23	16
平均損失Bar數	3	3	2
最大評價損失幅	-335,400.00	-353,200.00	-346,800.00
賠償比率	1.19	1.75	0.77
最大未結算數	1	1	1
最小必要成本	335,400.00	353,200.00	346,800.00
最小必要成本漲跌純益	74.18	119.76	-50.23

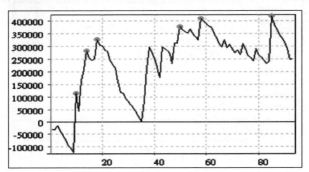

當年第三名參數：Length(18)、Weight(0.9)

	全體	買進	賣出
純益	469,200.00	532,400.00	-63,200.00
未結算收益/損失	-39,600.00	-39,600.00	0.00
總收益	1,660,800.00	1,057,600.00	603,200.00
總損失	-1,191,600.00	-525,200.00	-666,400.00
交易回數	95	47	48
升率(%)	28.42	31.91	25.00
收益交易回數	27	15	12
損失交易回數	68	32	36
最大收益	237,200.00	237,200.00	192,600.00
最大損失	-68,800.00	-53,400.00	-68,800.00
平均收益	61,511.11	70,506.67	50,266.67
平均損失	-17,523.53	-16,412.50	-18,511.11
平均收益比率(倍)	3.51	4.30	2.72
平均各買賣損益	4,938.95	11,327.66	-1,316.67
最大連續收益買賣數	3	3	2
最大連續損失買賣數	9	7	9
平均收益Bar數	18	21	14
平均損失Bar數	3	3	2
最大評價損失幅	-304,000.00	-309,400.00	-302,200.00
賠償比率	1.39	2.01	0.91
最大未結算數	1	1	1
最小必要成本	304,000.00	309,400.00	302,200.00
最小必要成本漲跌純益	154.34	172.07	-20.91

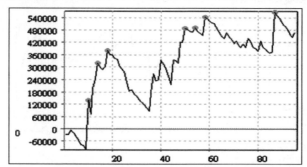

透過把歷史資料做切割使用，可以得到在交易策略研發上最需要的模擬：如果我把策略寫好之後上線，到底會怎樣？

面對明天，永遠是未知，我們不可能預測到真正開始把策略

上線後，帳戶的實際表現會是如何，但可以透過「假裝自己在幾年前就已經寫好交易策略的程式，其在往後幾年會是怎樣的光景？」，如果這樣的模擬過程，讓我們看到開發樣本區間回測時，選定的參數在其後幾年的表現讓人大失所望，我想你最好不要拿自己的錢去實驗，有那種兩段資料表現差異很大的現象者，表示交易策略是過度歷史最佳化產物的機率實在是太高了，幾乎可以斷定：穩死的！

在這個範例的Inside/Outside sample test的過程，我們也可以看到當年第一名的參數在後續不是第一名，這其實是一種常態，畢竟參數的選用本身就是在對歷史資料做配適，測試用樣本的資料與開發用樣本的資料對參數的配適性有不同，這是再自然也不過的了。而這也就導致了所謂投資組合的概念，不過本書並不會討論這個部份。

第四章
策略上線之前

交易
策略

風險
評估

市場
波動

為策略寫下生死簿——策略下架與資金準備

當策略的開發乖乖的遵守了Inside/Outside sample的模式，績效表現也不是很依賴參數的選擇，我想你手上的交易策略是歷史過度最佳化產物的機率應該滿低的，這個時候的回測報表，我們會需要使用全部的歷史資料來計算，到底我的策略最少需要多少錢才足夠去交易呢？

這裡牽涉到兩大面向，但這兩大面向卻是同一件事情；也牽涉到一項信念，是的，信念！在國內不少前輩認為，只要交易策略通過了種種統計上的測試，足以證明策略不是過度最佳化，也具備非常高度的市場預測有效性，這個策略就該是能行之久遠的，換句話說，這跟發現市場脈動的真理差不多了。而我，一點都不會也不敢這樣想！

我的態度是這樣的，藉由Inside/Outside sample的策略開發流程與參數對績效的高原現象去避免過度最佳化，是為了得到一個很高機率可以在未來繼續有獲利表現的交易模型，但是，即使得到這樣的交易模型，我也絕對不會自信到認為只要給它足夠的時間，其績效表現絕對會在未來不斷地創新高。交易策略也許真的存在這樣的聖杯，但是那有個前提：足夠的時間！而這卻是不能夠量化的東西，可以肯定的是你我的壽命有限，萬一我手上

這個「未來」績效可以創新高的策略，所需要的是一百年、兩百年呢？

生命有限、資金有限、人生更是需要智慧去選擇。即使幾經辛苦創作出一個未來獲利機率很高的交易策略，我們都應該為策略設下停損，而這個停損就是信心的來源，對策略繼續適用的堅持。這也就是我說的同一件事的兩大面向，策略的停損既代表策略的失效判斷，也是策略依然有效的信心，縱然它已經好幾個月績效沒再創新高了。

交易策略的有效性來自於對市場的預測成功，而對市場的預測成功不是指發出買進、放空訊號是否賺錢的次數，這樣會落入對勝率的執迷，所謂的預測成功該是當訊號造成的獲利總和大於訊號造成的損失總和，簡單講就是淨利（純益）。因此，即使勝率連三十個百分比都不到也不要緊，總獲利是正的就可以了。

而交易策略是否已經失效也就從有效性的反面去判斷。過去，我自己有幾項不同的方式去判斷交易程式是否失效：勝率、平均盈虧比、甚至主觀判斷市場生態變化，但現在我只用一種：績效的折返，就是MaxDrawDown。

接下來就開始介紹我如何為自己的交易策略設定失效的判斷，也就是策略的停損，更是堅持繼續執行下去的信心。

決定好要使用的參數策略後，拉出回測報表的交易明細，匯出到Excel，準備加工使用。我自己做了一個Excel的工具，用來評估每一個我打算要上線的策略的停損。

把HTS所產生的回測報表檔案內的成果分析、買賣內容兩個分頁複製，並且蓋過用來評估資金的工具檔案內的成果分析、買賣內容分頁，會出現這個畫面。

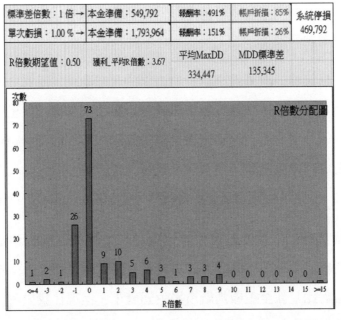

這裡可以看到右上角的系統停損，那就是未來交易策略的績效折返達到這個數字時，就是該把策略下架的時候。對照一下回測報表本身（後圖），你會發現這個系統停損的數值比回測報表

的最大評價損失幅還大，但又不到兩倍，因為我聽過很多人說資
金準備應該是MaxDrawDown的兩倍，我一直不懂，為什麼？

純益	2,701,200.00	1,516,200.00	1,185,000.00
未結算收益/損失	66,400.00	0	66,400.00
總收益	6,506,200.00	3,429,200.00	3,077,000.00
總損失	-3,805,000.00	-1,913,000.00	-1,892,000.00
交易回數	316	158	158
升率(%)	29.75%	31.65%	27.85%
收益交易回數	94	50	44
損失交易回數	222	108	114
最大收益	424,800.00	329,000.00	424,800.00
最大損失	-77,600.00	-77,600.00	-68,800.00
平均收益	69,214.89	68,584.00	69,931.82
平均損失	-17,139.64	-17,712.96	-16,596.49
平均收益比率(倍)	4.04	3.87	4.21
平均各買賣損益	8,548.10	9,596.20	7,500.00
最大連續收益買賣數	4	4	3
最大連續損失買賣數	12	7	15
平均收益Bar數	21	22	19
平均損失Bar數	3	3	2
最大評價損失幅	-304,000.00	-251,400.00	-295,200.00
賠償比率	1.71	1.79	1.63
最大未結算數	1	1	1
最小必要成本	304,000.00	251,400.00	295,200.00
最小必要成本漲跌純益(%)	888.55%	603.10%	401.42%

在解釋這個「系統停損」的數值是怎麼計算出來的之前，我
們先談談交易策略的資金準備。

有在從事程式交易的朋友，多數是先從追求一個完善的交易
策略開始，淨利要高、勝率要高、績效折返要低、賺的時候要
多、賠的時候要少，總歸一句話：要富可敵國啦！這個過程通常
就是沉迷在交易策略過度最佳化的階段，不少朋友就這麼一直沈
溺在這個階段，也許散盡家財才會醒，也許永遠都不醒。等到智
慧開了、醒悟了，體認到十年單口賺千萬很可能是一場荒謬的幻

想之後，如果還有餘力、還沒負債累累，大概就比較能接受看起來比較差的交易策略了。

簡單策略回測表現相對那些神蹟級的藝術品而言，通常就有MaxDrawDown滿大的問題，交易一口需要承受績效回檔（賠掉）兩千點（40萬）以上的都還屬正常。那麼問題就來了，就算我今天吃了秤砣鐵了心，認定這個交易策略只要乖乖的跟上個幾年，一定能讓我賺到錢，但從已經發生的過去歷史來看，這策略就曾經發生過一口要虧掉四十萬的損失，如果我帳戶裡放不到五十萬讓它去跟著跑的話，只要未來這樣情況再來一遍，很肯定的，以後就算策略真的能賺錢也會與我無關。

如果就這麼巧，我一開始讓策略去執行就碰上了績效開始折返呢？回測的意義在於從歷史中檢視，過去發生的倒楣事很有可能再發生！

那麼，我就準備多一些些好了，比如策略回測的最大評價損失幅度四十萬，交易一口的保證金以前高的時候也有超過十五萬的，抓個整數六十萬，應該夠我「承受」這個MaxDrawDown了吧！如果未來執行的過程，發生了績效回檔比上線前所做回測的MaxDrawDown還要大呢？你打算怎麼做？

我想有不少人到現在還是把這回測報表裡的MaxDrawDown當

做一個損失可能發生的極限值，但以我的經驗與推想，那是個肯定會被突破的數值，那不過是個在我們讓電腦做回溯測試當下的歷史上的巧合。可是，如果這個數值將來必然會被突破，不管你要用可能是最多人用的兩倍MaxDrawDown加上保證金，或是一些聽來很炫的統計方式去算的資金準備金額，比如：蒙地卡羅、凱利公式、還有什麼一萬年不會倒之類的，最重要的是，你我知道那是在幹什麼嗎？能契合必須真實承受帳戶損失而且壽命有限的我們嗎？

我不相信交易策略會永遠有效這件事，不管經過再嚴苛的統計測試，或是經由怎樣的高品質產生過程（包括本書所提的），交易策略總有一天會失效。投機的我，冀望在交易策略失效那天到來之前，我已經先從這個策略上得到夠多的獲利，於是，資金準備其實就會是我的策略停損了：判斷策略失效的準則。

我是這麼做策略停損的設定的，把回測報表產生的交易明細：每一筆交易的損益（已經計入交易成本估計），隨機抽取後重新排列這些個別損益的發生順序，因而產生新的MaxDrawDown。這麼做的理由是，每一筆交易的損益來自於策略對市場的預測，但是MaxDrawDown的產生卻是來自於損益發生的順序，而不是累計！因此，把每一筆損益發生的順序隨機抽取後，重新排列以模擬行情進行的順序，如果不同於歷史上的狀況

時，比如2005年那段的行情後接著的不是2006年而是2010年那樣的行情，雖然都是往上漲的多頭年，但是速度不同。行情發生順序不同，肯定會直接導致交易策略的MaxDrawDown不一樣，因為是隨機抽取的重新排列，有可能會降低，但幾乎都會提高。我不贊成改用亂數生成新的價格資料去跑策略的測試，那畢竟沒有人的成份在裡頭，而市場的波動是人造成的。

把這個隨機抽取重新排列每一筆交易損益的順序，重複做個三十次（因為統計上說三十次以上的樣本抽測就有效），如此就會得到三十組重新隨機排列過的交易損益，可以計算出三十組的MaxDrawDown，再把這三十組新的MaxDrawDown算出平均的MaxDrawDown。這是我認為比較可能可以排除原本交易策略所跑出回測報表的MaxDrawDown的歷史順序巧合，也更能表現交易策略對市場價格預測所產生的副作用可能有多大的較佳估計。

但是做到這裡還不夠，把這三十組新的MaxDrawDown計算出標準差，為的就是估算在未來我實際執行交易策略時，當真的發生的MaxDrawDown達到多少以上，可以判斷為交易策略不應該有這麼大的MaxDrawDown，因為MaxDrawDown是交易策略對市場預測錯誤的表現。

我個人設定的系統停損就是以**回測的每筆交易損益去隨機重新排列，產生三十組新的MaxDrawDown的平均加上標準差，做為**

對該交易策略失效的判斷。一個標準差可以認為六十八個百分比的機率交易策略已經失效的可能程度。統計，永遠不能做到百分之百。標準差的使用有抽樣是常態分佈的前提，不過粗略的估計都好過沒有估計。

有了交易策略的停損設定後，再來就是個人到底要準備多少資金去運作了。這裡會因每個執行交易策略者的背景不同而有所差異，是操作自己的資金？還是操作他人的資金？對於風險承受的幅度有多大？同一個策略的停損設定也許一樣是六十萬，我們就得打算要做這個交易策略就是可能賠掉六十萬或多一些（波段留倉跳空），那麼資金準備抓七十五萬大概就是最「積極」的了；如果操作的是別人的資金，聽說損失發生在30%以上會讓人抓狂，這種狀況的資金準備就要有兩百萬了。

只是，對一般小散戶來說，反正是要準備賠掉六十萬，準備七十五萬與準備兩百萬對於實際上的損失承受有多少差異？

交易策略的停損設定好，金額就不變，而讓這個停損真的發生的時候對你的帳戶產生多少百分比的損失，就是取決於市場容納大小及資金主人的可承受衝擊程度。

「有錢的人可以投機，錢少的人不可以投機，根本沒錢的人，必須投機！」不知道科斯托蘭尼先生是怎麼定義「根本沒錢」的？

交易策略回春術──部位大小設定

　　交易策略的開發，如果沒有過度最佳化的鬼斧神工，就我個人這些年因為接受程式碼編寫代工的工作及陸陸續續接觸的交易策略來看，僅僅只是很簡單的架構所形成的交易策略，通常很難得到令人滿意的回測報表，不是風險報酬不夠高，就是權益曲線的震盪幅度很大（沒有45度角往右上），或者是勝率不夠高，總要讓人歷經折磨，才有一點點獲利的成果。然而，我認為這才是真實的世界。

　　在多數人的眼中，程式交易多半就是以一個固定的交易策略去應付多變的市場，事實如此，不過這恐怕只是片面認識。程式交易可以做到隨市場波動自我調整，即便如此，想靠單口交易年賺百萬，且承受很低的損失風險，我認為依舊是妄想。掌握簡單架構的模型對一般人是比較容易的，只是簡單架構的交易策略，很難滿足我們這些投機交易人的貪念。可是，交易策略對歷史資料過度最佳化的後果，卻幾乎就是讓自己辛苦開發的交易策略成為藝術品的保證，而藝術品是不能上戰場，你打算用翠玉白菜去跟敵人廝殺嗎？

　　在寫作這本書的此時，或許是我見識淺薄，到現在為止我還沒讀到「針對交易策略每次訊號做部位大小設定」的中文著作，

因此，我姑且當成是我的發明了。

大家都知道，當有波段行情出現，想要賺大錢除了必須要有正確方向的部位之外，我們還得下大注，大部位進場！但是大部位進場也意味著要承受大風險，畢竟我們不能保證建立部位之後，市場價格的移動方向這麼巧的就往我們手上的部位方向前進，萬一它要是走反向呢？大部位可以帶來大獲利，也很可能會帶來大虧損。

交易與賭博有什麼不同？賭博在下注之前已經確知如果輸了會輸多少，如果贏了會贏多少；交易則不是如此，要輸多少由我決定，能贏多少則是市場決定。看出差異了嗎？當有大波段行情的時候，只要你能夠抱得住手上正確方向的部位，波段有多大，獲利就有多大，就算抱的方向是錯的，只要定下願意損失的「額度」，這損失就是你自己決定的，不是波段有多大、損失就有多大，這樣的特性就提供了風險報酬不對等的操作機會！

想像一下，因為我不知道市場接下來會怎麼走（誰知道啊？），但是我可以決定現在我的策略告訴我交易訊號部位（口數）要下多大，對我來說，訊號是對的話，大口數就有大獲利，小口數就有小獲利，對吧。如果訊號是錯的，大口數帶來大損失，小口數也就只有小損失，肯定是。利用交易與賭博的差異

點，我們可以定下損失額度的這個特性，就可以得到很明顯的效果了。

固定損失金額	訊號賺錢	訊號賠錢
大口數	賺大錢	賠小錢
小口數	賺小錢	賠小錢

我們把策略內的交易規則，設定一道停損進去。多數人慣用的可能是進場成本賠個幾點，比如30點的停損，或是進場價格的多少百分比，比如1%，又或是移動出場之類的方式；我的方式則是，不管我現在進場所持有的口數是多少口，一律停損一樣的金額。什麼意思？假設我設定停損金額是6萬元，策略進場的訊號口數是1口的話，此時停損的位置就是距離進場價位的300點外，如果進場的口數是2口，停損價就在150點外，進場3口呢？距離進場成本損失達100點時觸發。進場的口數越大，停損的價位越近；口數越小，耐震的能力越強。

如此一來，交易策略不管進場的口數大小，都得到相同的風險控制，當大口數進場，對了就賺大錢，錯了卻不會賠大錢！而小口數進場，自然是賺賠都不大的。到這裡，你看出其中的數學優勢了嗎？只要交易的次數很多，光是隨機的讓策略進場訊號口數大小去變動，從數學上就能讓我們享有不去改變交易策略的規則而賺大錢的機會，又不用背負大損失的風險！

　　市場行情的變化有一個不變的廢話（真理）：趨勢與盤整總是交替出現。這真的是廢話，趨勢不結束怎麼會有盤整？盤整不結束怎麼會有趨勢？趨勢不開始怎麼會有盤整的結束？盤整不開始趨勢怎麼會結束？請原諒我寫了好多廢話來騙稿費，其實，這是在做設定部位大小方式的提示啦。

　　在這種橫向盤整的時期，如果你的交易策略和我一樣（我幾乎都是追高殺低），你會不會希望在圖面上的這個時期，策略下單的口數都是小口數？

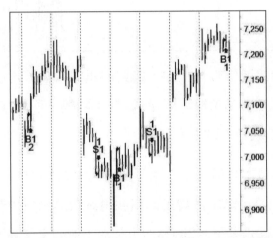

　　而到了有波段發動的時候，你會不會希望交易策略下單的口數又很巧的變成大口數？

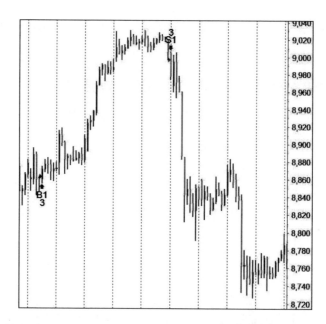

　　賺錢的訊號口數是大的,賠錢的訊號口數卻是小的!我們可以這樣設定交易策略,下單1口為小口數,下單2口是普通口數,下單3口就是大口數了。

　　如果訊號本身價差都一樣,賺錢時3口*100點,賠錢時1口*100點,交易策略本身發出的訊號也許很菜,但是在口數變動的加持下,硬是留下了200點的獲利耶!而如果交易策略本身的訊號價差就能賺錢呢?

　　在這個章節需要不少的想像力,也需要不小的耐心去理解。到這裡可以開始拼湊我真正要做的是什麼了。

因為交易策略如果經過長時間的測試，你會發現，幾乎都是追隨波段型的策略獲利會比較好，而交易程式發出的訊號也只有在當下的規則符合就發出，往後市場行情如果證明策略裡的部位是對的，往往也就只是一路抱下去，不產生新的動作訊號。這裡，我排除了進場後還會加減碼的策略設計，實際上我也還沒有見過進場試水溫、做對再加碼、做錯趕快跑之類的加減碼的資金運用可以得到更好的資金報酬率的策略（請再次原諒我見識太少）。

那麼，我要如何讓策略在波段發動時所產生追進訊號的口數是大口數，波段走勢結束進入盤整時，策略所產生的訊號是小口數呢？我們得回到之前的「廢話」了。

盤整的開始在於趨勢已經發生之後，趨勢的開始也在盤整已經發生之後，對吧！趨勢與盤整之間的衡量，過去我們都是用肉眼判斷，但在程式交易的領域，當然不能用肉眼，因為我追求的是全自動化，執行面的事情要讓電腦獨立完成，總不能要我坐在電腦前判斷現在是趨勢還是盤整，再自己輸入參數，準備在下次的訊號出現時下多大的口數吧？坦白說，要是真的能做到盤整與趨勢的判斷，你我就富可敵國了，連方向都不用猜，真的！

實作上，我用波動率來衡量目前的走勢屬於波段或盤整。我

所指的波動率不是某一種特定指標，而是泛指所有可以用來計算表現最近一段期間的價格波動程度的指標。這類的指標有很多種，你也可以採用自己獨創的秘技。比較容易找到的有近期最高減去近期最低、平均真實區間、ADX、Volatility等等各式各樣，請自行Google。

作法是當波動率大的時候（趨勢已經發生），就認為接下來的行情會是盤整，此時如果策略規則成立，以小口數進場，因為假設盤整行情會讓我的笨蛋追高殺低程式被巴，小口數被巴才比較不會痛。如果你問：那幹嘛不把交易訊號暫停？我的回答：一來我不知道是不是真的會進盤整，如果策略的訊號還是能賺到錢，我卻連1口的真實部位都沒有，我會很氣（請原諒我貪心）。而當波動率小的時候（盤整已經發生了），就認為接下來的行情是大波段的機率比較高，所以讓進場訊號的口數成為大口數（大口數進場也有固定金額的停損保護），如果真的剛好是大波段走勢且訊號方向也對，那就準備大賺一票了。

讓我們做個暫時的整理：

🔗 趨勢與盤整交替出現。

🔗 趨勢後的訊號小口數、盤整後的訊號大口數。

🔗 大口數有固定金額的停損保護，所以不會虧更大。

🔗 波動率指標判斷目前是（不是未來）盤整或趨勢。

　　交易策略回春術的觀念已經介紹完畢，接下來就是範例了。我列出在個人某個策略使用中的程式碼做一點變形，以為介紹。

```
Param:maxshare(3),Len(30)
Var:N(1)

Value1= MA( High - Low , Len)
Value2= MaxLoss / Value1

N= Max(Value2,maxshare)
```

　　以上的程式碼，從最後面看起，N就是最後計算乘上多少口數的數值，我限定它最多只能下3口（大口數），畢竟口數越大，停損的價位就會越近，要是計算出來的N值變成2、30，那我的停損幅度豈不是剩下一咪咪？大概一進場就要停損了，這可不是我到市場投機的目的。

　　在這個範例中，我用來衡量最近波動大小的指標是取最近幾根K棒長度的平均值，你當然可以用自己喜歡的指標去作為波動程度的衡量，也就是Value1的這個部份。這部份的目的是讓市場的波動大小幫我決定該下大口數或小口數。

　　再來，我把停損的金額放在分子，波動率指標的數值放在分母，因為停損的金額是固定的，形成倒數的形式，當波動率的數值變大，要用來作為下單口數的Value2的數值就會變小，當

波動率小的時候，Value2就會變大。如此一來，就能達到趨勢
（波動率大）已經發生的時候，下單下小口數；盤整（波動率
小）已經發生的時候，下單下大口數的效果了。

現在看看這個方式在我某個策略上的運作狀況，圖面上會有
訊號下單的口數。因為已經發生盤整，策略訊號開始下大口數，
終於發生波段的走勢：大口數*波段獲利，爽啦！

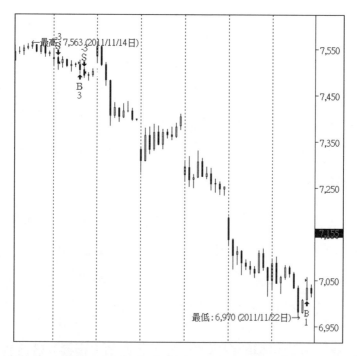

接在大口數乘上波段獲利之後，因為趨勢已經發生，波動率
指標數值變大，當成接下來就會是盤整的走勢出現，策略的口數

開始下小口數。接著的行情是先有一次走勢繼續延續原方向，因為是小口數而少賠（訊號價位賠不少），往後卻是波動範圍依舊不小，交易策略在這狀況有時還能有獲利，但是在11/28那天的來回雙巴就因為小口數而少賠很多，這就是我要的效果。

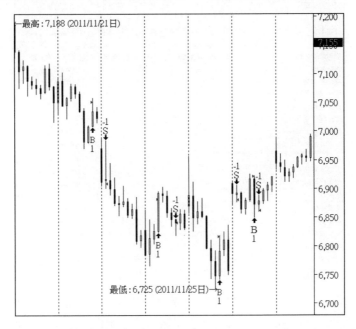

我們從比較長時間的回測報表去看看這樣下單口數隨市場波動大小做變化的效果。下圖是一般從頭到尾都下一口的方式。

策略績效總結果			
下單口數固定（單口）	所有交易	多單	空單
淨利	NT$3,997,200.00	NT$2,692,200.00	NT$1,305,000.00
毛利	NT$17,006,200.00	NT$8,120,000.00	NT$8,886,200.00
毛損	(NT$13,009,000.00)	(NT$5,427,800.00)	(NT$7,581,200.00)
調整後淨利	NT$3,104,111.66	NT$2,122,411.34	NT$611,223.41
調整後毛利	NT$16,453,572.75	NT$7,758,664.74	NT$8,463,526.57
調整後毛損	(NT$13,349,461.09)	(NT$5,636,253.40)	(NT$7,852,303.16)
特定淨利	NT$1,696,800.00	NT$2,067,600.00	(NT$370,800.00)
特定毛利	NT$10,060,400.00	NT$5,849,200.00	NT$4,211,200.00
特定毛損	(NT$8,363,600.00)	(NT$3,781,600.00)	(NT$4,582,000.00)
帳戶所需金額	NT$291,400.00	NT$228,000.00	NT$354,200.00
帳戶報酬	1371.72%	1180.79%	368.44%
初始資本報酬	399.72%	269.22%	130.5%
最大策略虧損	(NT$360,400.00)	(NT$251,600.00)	(NT$364,600.00)
最大策略虧損 (%)	(12.97%)	(20.46%)	(21.37%)
最大平倉交易虧損	(NT$291,400.00)	(NT$228,000.00)	(NT$354,200.00)
最大平倉交易虧損 (%)	(11.71%)	(19.4%)	(20.88%)
最大的策略虧損報酬	11.09	10.7	3.58
獲利因子	1.31	1.5	1.17
調整獲利因子	1.23	1.38	1.08
特定獲利因子	1.2	1.55	(0.92)
最大持有契約數量	1	1	1
滑價支付	NT$1,455,900.00	NT$713,700.00	NT$742,200.00
佣金支付	NT$970,600.00	NT$475,800.00	NT$494,800.00
未平倉部位損益	NT$24,500.00	NT$24,500.00	n/a
年報酬率	40.4%	27.22%	13.19%
月報酬率	3.37%	2.27%	1.1%
買進持有績效	NT$570,779.45	NT$565,853.66	NT$570,779.45

請記住上方我框住的數值，最大策略虧損報酬＝11.09。

下面這張圖是同一個交易策略，不修改進出規則，只是如前面所述，把波動率大小引入，決定下單口數的大小。測試區間都是10年，2001～2010。

策略績效總結果			
下單口數隨波動變化	所有交易	多單	空單
淨利	NT$9,011,000.00	NT$5,617,800.00	NT$2,780,200.00
毛利	NT$33,753,000.00	NT$15,947,600.00	NT$17,581,200.00
毛損	(NT$24,742,000.00)	(NT$10,329,800.00)	(NT$14,801,000.00)
調整後淨利	NT$7,263,598.97	NT$4,501,325.33	NT$1,418,754.80
調整後毛利	NT$32,652,683.65	NT$15,224,945.26	NT$16,743,049.18
調整後毛損	(NT$25,389,084.68)	(NT$10,723,619.93)	(NT$15,324,294.37)
特定淨利	NT$4,864,800.00	NT$3,822,800.00	NT$496,600.00
特定毛利	NT$20,384,600.00	NT$11,350,400.00	NT$8,802,000.00
特定毛損	(NT$15,519,800.00)	(NT$7,527,600.00)	(NT$8,305,400.00)
帳戶所需金額	NT$549,200.00	NT$465,400.00	NT$716,200.00
帳戶報酬	1640.75%	1207.09%	388.19%
初始資本報酬	901.1%	561.78%	278.02%
最大策略虧損	(NT$576,400.00)	(NT$508,400.00)	(NT$828,600.00)
最大策略虧損 (%)	(25.49%)	(43.55%)	(29.33%)
最大平倉交易虧損	(NT$549,200.00)	(NT$465,400.00)	(NT$716,200.00)
最大平倉交易虧損 (%)	(23.56%)	(41.08%)	(25.42%)
最大的策略虧損報酬	15.63	11.05	3.36
獲利因子	1.36	1.54	1.19
調整獲利因子	1.29	1.42	1.09
特定獲利因子	1.31	1.51	1.06
最大持有契約數量	3	3	3
滑價支付	NT$3,129,900.00	NT$1,519,500.00	NT$1,610,400.00
佣金支付	NT$2,086,600.00	NT$1,013,000.00	NT$1,073,600.00
未平倉部位損益	NT$73,500.00	NT$73,500.00	n/a
年報酬率	91.07%	56.79%	28.1%
月報酬率	7.59%	4.73%	2.34%
買進持有績效	NT$570,779.45	NT$565,853.66	NT$570,779.45

在同一個交易策略規則下，單口交易的風險報酬是11.09，經過市場老師幫我們決定口數大小後，上升到15.63，提升了高達40%耶！

想一想，簡單結構的交易策略比較容易建構，對歷史資料過度最佳化的風險也比較小（如果你只是定個變化的價位，突破就作多，跌破就放空，不搞一堆出場方式），也許回測報表上的獲利預期多半不怎麼吸引人，但是這類策略往往比較有機會在未來

真的幫你賺到錢。

如果使用一個簡單的策略，請市場幫你決定每一次訊號的部位大小，就能夠提升策略的風險報酬率，不管這個風險報酬率的提升是淨利的增加，還是風險的下降，又或是淨利增加與風險下降一起來，是不是就可以讓簡單的策略更有機會能夠進入到具有實用價值的層級？

超高淨利卻超低風險的回測報表真的一點意義都沒有，尋找與建構一個相對更有機會在未來可以賺到錢的交易策略，才是真正該投資心力與資源的方向。

這一個章節的觀念我認為是本書最有價值的所在，但是礙於書本的媒體形式，無法做比較好的傳達，如果讀者真的很想把這個關於部位大小設定的觀念套用到自己的策略上，就得多做嘗試，或是到我的Blog注意相關範例與訊息。

再舉不同的策略為例。這個策略的原始表現較差，我想你一定能輕易寫出比這更好的策略。

策略績效總結果

下單口數固定（單口）	所有交易	多單	空單
淨利	NT$1,501,200.00	NT$1,085,400.00	NT$415,800.00
毛利	NT$11,665,400.00	NT$5,182,000.00	NT$6,483,400.00
毛損	(NT$10,164,200.00)	(NT$4,096,600.00)	(NT$6,067,600.00)
調整後淨利	NT$536,826.53	NT$504,131.55	(NT$366,361.30)
調整後毛利	NT$11,120,905.76	NT$4,844,680.53	NT$6,049,239.42
調整後毛損	(NT$10,584,079.23)	(NT$4,340,548.98)	(NT$6,415,600.73)
特定淨利	NT$706,400.00	NT$651,000.00	NT$55,400.00
特定毛利	NT$6,940,000.00	NT$3,605,000.00	NT$3,335,000.00
特定毛損	(NT$6,233,600.00)	(NT$2,954,000.00)	(NT$3,279,600.00)
帳戶所需金額	NT$709,200.00	NT$582,600.00	NT$617,800.00
帳戶報酬	211.68%	186.3%	67.3%
初始資本報酬	150.12%	108.54%	41.58%
最大策略虧損	(NT$752,400.00)	(NT$664,600.00)	(NT$694,000.00)
最大策略虧損 (%)	(40.45%)	(31.96%)	(40.53%)
最大平倉交易虧損	(NT$709,200.00)	(NT$582,600.00)	(NT$617,800.00)
最大平倉交易虧損 (%)	(38.61%)	(28.86%)	(39.37%)
最大的策略虧損報酬	2	1.63	0.6
獲利因子	1.15	1.26	1.07
調整獲利因子	1.05	1.12	(0.94)
特定獲利因子	1.11	1.22	1.02
最大持有契約數量	1	1	1
滑價支付	NT$628,500.00	NT$311,700.00	NT$316,800.00

　　風險報酬率只有2。坦白說，若10年的風險報酬只有兩倍，那不如去做定存，定存一年滾一年的複利，效果差不多也是這樣吧，而且定存的風險可以當做沒有。

　　經過市場波動決定口數大小的協助。

下單口數隨波動變化	所有交易	多單	空單
淨利	NT$4,526,600.00	NT$2,687,800.00	NT$1,579,800.00
毛利	NT$24,252,200.00	NT$10,726,000.00	NT$13,408,800.00
毛損	(NT$19,725,600.00)	(NT$8,038,200.00)	(NT$11,829,000.00)
調整後淨利	NT$2,623,423.82	NT$1,524,073.01	NT$54,928.57
調整後毛利	NT$23,127,531.16	NT$10,024,819.44	NT$12,520,780.53
調整後毛損	(NT$20,504,107.33)	(NT$8,500,746.43)	(NT$12,465,851.95)
特定淨利	NT$1,924,400.00	NT$1,833,800.00	NT$1,145,400.00
特定毛利	NT$14,735,200.00	NT$7,302,800.00	NT$7,430,600.00
特定毛損	(NT$12,810,800.00)	(NT$5,469,000.00)	(NT$6,285,200.00)
帳戶所需金額	NT$1,246,600.00	NT$1,041,800.00	NT$1,225,200.00
帳戶報酬	363.12%	258%	128.94%
初始資本報酬	452.66%	268.78%	157.98%
最大策略虧損	(NT$1,278,400.00)	(NT$1,077,300.00)	(NT$1,319,800.00)
最大策略虧損 (%)	(38.68%)	(39.91%)	(47.59%)
最大平倉交易虧損	(NT$1,246,600.00)	(NT$1,041,800.00)	(NT$1,225,200.00)
最大平倉交易虧損 (%)	(38.05%)	(36.67%)	(44.75%)
最大的策略虧損報酬	3.54	2.49	1.2
獲利因子	1.23	1.33	1.13
調整獲利因子	1.13	1.18	1
特定獲利因子	1.15	1.34	1.18
最大持有契約數量	3	3	3
滑價支付	NT$1,452,900.00	NT$692,100.00	NT$760,800.00

風險報酬率提高到3.54，3.54/2＝1.77

改善程度達77個百分比了。

我將這個交易策略回春術套用到不同的策略並觀察，發現原始表現越差的策略，改善程度越好。我想，這必然與「如果原始單口交易策略的回測表現很厲害，其實已經有了過度最佳化的風險」有關吧。如果策略可以一直賺，根本不需要資金管理，Show hand就對了！如果真的有這種策略的話。

第五章
策略開發評估全流程

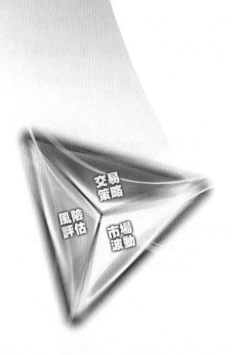

交易策略

風險評估　市場波動

在本章節我將用一個很簡單的交易策略為例，把本書前面所談的交易策略從開發開始所必須遵守的策略開發實驗室與參數對績效的高原現象檢查的開發、最佳化流程，到引用策略回春術再到策略上線前的停損設定做一個完整的示範，好讓讀者對這一整個交易策略開發的過程能有清晰的地圖烙印心中，未來當自己研發交易策略能時時不忘。

交易策略採用技術指標CCI作為進出場的判斷依據，如果你不知道什麼是CCI與其計算公式，麻煩自行上網Google一下。這是一個可以用來追隨波段趨勢的技術指標，當價格走勢有大波段上漲或下跌時，CCI不會有上下限而導致所謂的鈍化。

這個CCI突破交易策略的規則如下，參數一：CCI取樣的長度；參數二：CCI指標數值大於或小於某值，選擇作多或是作空。沒有停損停利，系統裡永遠持單。程式碼（MultiCharts）如下：

```
input:len(10),action(100);

Value1=CCI(len);

if Value1>action then Buy next bar market;
if Value1<action*-1 then Sellshort next bar market;
```

　　先採用2001～2008年的歷史資料作為策略開發資料區，進行可能需要的規則調整與參數最佳化。我們先看看原始只是在CCI大於100時作多、CCI小於-100時放空的回測。看到淨利呈現正值，OK。畢竟很多人知道的策略至少在台指期還有獲利的可能性，這樣就夠了。

策略績效總結果			
	所有交易	多單	空單
淨利	NT$310,200.00	NT$32,200.00	NT$278,000.00
毛利	NT$11,018,400.00	NT$5,538,000.00	NT$5,480,400.00
毛損	(NT$10,708,200.00)	(NT$5,505,800.00)	(NT$5,202,400.00)

　　接下來先看看參數對績效的影響。兩個參數一起做最佳化，讓CCI取樣的長度（len）從10到50間隔1、作多作空的指標值從80到150間隔10，跑一下3D參數最佳化圖形。在這個階段，可以看到幾乎所有的參數組合都能獲利。

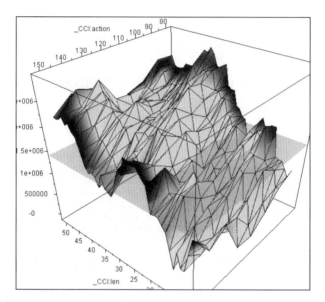

　　另外可以從CCI_len與CCI_action的兩個角度，觀察到獲利與否的關鍵參數是CCI_len而不是CCI_action。

▶ 平視CCI_len對淨利：

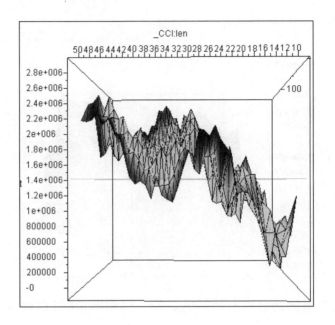

▶ 平視CCI_action對淨利：

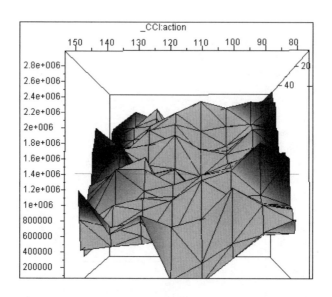

因為這兩個參數對績效的影響，很明顯是CCI取樣長度占了關鍵性的因素，後續在做最佳化檢視的過程就不再去調整CCI值站上或是跌破的動作值，直接採用多數人所熟知的100、-100去買進、放空。

再來嘗試把交易的規則「從CCI一站上或是跌破100、-100，就在下一根進場」修改成站上、跌破後的再突破、跌破K棒的高低點，程式碼如下：

```
input:len(10),action(100);

Value1=CCI(len);

if Value1>action then
  Buy next bar High stop;
if Value1<action*-1 then
```

在相同參數下（len＝10），可以看到淨利大幅提升，這表示指標值站上後，多一個價格上的再突破是個不錯的濾網功能。策略的規則調整通常沒有什麼準則或方向可以遵行，這部份往往有賴個人的交易經驗或是創意。

策略績效總結果			
	所有交易	多單	空單
淨利	NT$1,801,200.00	NT$778,600.00	NT$1,022,600.00
毛利	NT$9,479,400.00	NT$4,791,200.00	NT$4,688,200.00
毛損	(NT$7,678,200.00)	(NT$4,012,600.00)	(NT$3,665,600.00)

再看看加上價格再突破濾網後的3D參數最佳化圖形，我們發現圖形的型態其實與原始策略的差異不大，也就是說，即使加上一道價格再突破的濾網，CCI取樣長度的參數依然是對這個交易策略的績效表現有絕對關鍵的影響，雖然每一個參數都能獲利，而且獲利也都比原始的策略規則有顯著的提升。

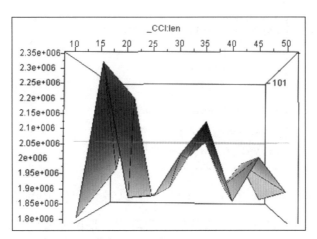

　　那麼，在不進行更多交易規則的修改、設計之下，我們就要來檢查一下，在這個「開發資料區」表現較佳的前幾名，在測試資料區（歷史中的未來）是否能有獲利的延續表現。在此，我會以兩個角度去選取及觀察參數對績效的表現：淨利、帳戶回報（風險化報酬）。

　　首先，從最多人重視的淨利開始。以淨利的前三名去選取參數，分別是len＝15、35、40。

策略績效總結果	len=15		
	所有交易	多單	空單
淨利	NT$313,600.00	NT$429,000.00	(NT$115,400.00)
毛利	NT$3,197,600.00	NT$1,753,800.00	NT$1,443,800.00
毛損	(NT$2,884,000.00)	(NT$1,324,800.00)	(NT$1,559,200.00)
調整後淨利	(NT$241,469.80)	NT$37,461.50	(NT$509,016.50)

策略績效總結果	len=35		
	所有交易	多單	空單
淨利	NT$81,200.00	NT$292,600.00	(NT$211,400.00)
毛利	NT$2,258,800.00	NT$1,197,200.00	NT$1,061,600.00
毛損	(NT$2,177,600.00)	(NT$904,600.00)	(NT$1,273,000.00)
調整後淨利	(NT$448,919.40)	(NT$53,678.80)	(NT$623,641.00)

策略績效總結果	len=40		
	所有交易	多單	空單
淨利	(NT$20,400.00)	NT$239,400.00	(NT$259,800.00)
毛利	NT$2,122,600.00	NT$1,107,200.00	NT$1,015,400.00
毛損	(NT$2,143,000.00)	(NT$867,800.00)	(NT$1,275,200.00)
調整後淨利	(NT$549,976.50)	(NT$100,023.80)	(NT$676,808.00)

從以上三個參數在2008年以後的表現，前兩名還可獲利，但第三名的參數卻是呈現賠錢的現象，我想這和之前從3D參數最佳化圖形所觀察到的一致，顯現CCI的取樣參數是這個策略獲利與否的最重要關鍵，也顯現了策略績效對參數的依賴度很高。

如果我們的交易策略是參數的選擇對績效表現的影響程度比較低的話，會是比較好的。但坦白講，這其實很不容易。

再以另外一個角度（帳戶回報）去選取前三名的參數：30、35、15。因為CCI_len＝35、15這兩個參數在測試資料區的表現已經呈現在上圖了，故只補上CCI_len＝30的。

策略績效總結果	len=30		
	所有交易	多單	空單
淨利	(NT$14,000.00)	NT$246,000.00	(NT$260,000.00)
毛利	NT$2,388,400.00	NT$1,272,400.00	NT$1,116,000.00
毛損	(NT$2,402,400.00)	(NT$1,026,400.00)	(NT$1,376,000.00)
調整後淨利	(NT$550,484.60)	(NT$111,092.50)	(NT$668,480.20)

注意到了嗎？這個以帳戶回報率在開發資料區表現第一名的參數，在測試資料區的表現竟然是虧損的。

經過在開發資料區以不同角度選取參數，馬上接著觀察其在測試資料區的績效表現，假設我們在幾年前就擬定好交易策略，並且讓其上線，以其在交易帳戶上所可能得到的盈虧，去模擬如果今天我們使用截至現在所有的歷史資料去開發完成的交易策略，從明天開始上線交易，幾年後可能的未來，我想，這再一次的顯示出，交易策略開發流程上為什麼必須採用與遵守Inside/Outside sample模式的意義了。

在這個交易策略下，並不是所有在開發資料區選用的參數，在測試資料區都一無可取。這個時候，通常多數人不會就此放棄這個交易策略的原始構想，比較會採行的動作是再修改交易規則。如果你也是這樣做的話，請務必回到開發資料區去做策略規則的修改，然後再觀察測試資料區的績效表現，絕對不要偷懶，絕對的絕對！

不過，我從來不願意也不應該提供交易策略給讀者或是學生，我想做的只是把開發交易策略的過程及其這麼做的意義傳播出去。所以，在這個範例我就不再回頭修改交易規則，而是假設，現在我義無反顧的就是要選用某個參數去上線交易，繼續接

下來該做的工作。我們要在策略上線前就設定好停損參數，就選用至少在開發資料區與測試資料區都還算勉強可用的CCI_len＝15。

研發交易策略的步驟到這一階段時，不知道讀者心裡是否有這樣的疑惑：「從開發資料區選用的參數或是定好的規則，在測試資料區的績效表現大致也能讓自己滿意，那我是不是可以在真的要上線之前，把本來當做測試資料區的歷史資料，或是就把全部的歷史資料當做開發資料區，再做一次調整？」

我的回答是：我沒有確切的答案。交易策略的開發過程經過開發資料區與測試資料區的分別處理，為的就是模擬如果在當年就寫好策略的效果，而到了真的打算要拿來上線的今天，是否該再做一次調整？理論上，經過歷史資料的分段測試後，我們應該相信這個交易策略的績效表現具有穿透不同時間的能力，所以在上線之前再做一次微調，理論上也應該相信是可以。只不過，我們永遠無法預知未來，所以即使開發策略的過程中已經切實遵守了兩段式使用歷史資料去大大降低過度最佳化風險，我寧願相信任何交易策略都有失效的一天，所以，我們才會需要交易系統的停損設定。因此我個人的偏好是：不做。

接下來就是交易系統的停損設定了。在開發資料區把CCI_

len＝15的交易明細匯出，請注意！是匯出開發交易資料區的交易明細，不是全部的歷史資料，因為我們必須要測試這個停損的設定能不能撐過測試資料區的考驗，畢竟，就算我們已經看到CCI_len＝15在測試資料區也能獲利了，但是如果我的資金準備不足以撐過測試資料區的虧損時期，那些看到的獲利其實不是獲利。這也是為了模擬如果我們在當年就把交易策略上線，在近幾年是否有機會真的可以拿到獲利。

匯出交易資料與使用工具計算資金準備（系統停損）的結果如下。

標準差倍數：1倍 →	本金準備：454,612	報酬率：594%	帳戶折損：82%	系統停損
單次虧損：1.00％ →	本金準備：1,793,964	報酬率：151%	帳戶折損：21%	374,612
R倍數期望值：0.50	獲利_平均R倍數：2.03	平均MaxDD 267,780	MDD標準差 106,832	

經過把交易明細隨機抽樣、重新排列發生的先後順序，以取得新的MaxDrawDown去做平均計算以及一個標準差之後，得到系統的停損大約是38萬元，加上一口保證金，要準備50～55萬左右才能執行這個策略。

接下來就是看看CCI_len＝15測試資料區的MaxDrawDown有多大，這樣在當年設下的資金準備到底夠不夠讓我撐過虧損的低潮，終於取得一點點的獲利成果？

策略績效總結果			
	所有交易	多單	空單
淨利	NT$313,600.00	NT$429,000.00	(NT$115,400.00)
毛利	NT$3,197,600.00	NT$1,753,800.00	NT$1,443,800.00
毛損	(NT$2,884,000.00)	(NT$1,324,800.00)	(NT$1,559,200.00)
調整後淨利	(NT$241,469.80)	NT$37,461.50	(NT$509,016.50)
調整後毛利	NT$2,871,246.30	NT$1,517,317.70	NT$1,218,316.30
調整後毛損	(NT$3,112,716.10)	(NT$1,479,856.10)	(NT$1,727,332.90)
特定淨利	NT$51,400.00	NT$256,600.00	(NT$205,200.00)
特定毛利	NT$1,922,400.00	NT$1,155,200.00	NT$767,200.00
特定毛損	(NT$1,871,000.00)	(NT$898,600.00)	(NT$972,400.00)
帳戶所需金額	NT$309,400.00	NT$163,000.00	NT$466,800.00
帳戶報酬	101.4%	263.2%	(24.7%)
初始資本報酬	31.4%	42.9%	(11.5%)
最大策略虧損	(NT$362,800.00)	(NT$205,200.00)	(NT$473,600.00)
最大策略虧損 (%)	(28.1%)	(13.8%)	(47.2%)
最大平倉交易虧損	(NT$309,400.00)	(NT$163,000.00)	(NT$466,800.00)

　　CCI_len＝15在2009年到寫書的當天，MaxDrawDown為37萬不到，亦即如果當年準備了55萬去執行這個策略，在這約莫三年的時光，是能夠賺到大約30萬的獲利的，只不過這一段時間的MaxDrawDown距離當初設下的系統停損也實在是夠近的了，坦白說，驚險萬分啊！

　　在這個情況下，我們開始採用所有的歷史資料去匯出交易明細，來為這個交易策略做資金的準備，即系統的停損。為什麼不直接採用開發資料區那時候計算出來的系統停損金額？我的理由是：當我們真正要上線的時候，採用全部的歷史資料作為MaxDrawDown的系統失效估計，理論上會更有可信度。在這裡，全部歷史資料所產生的系統停損其實與之前的差距不大，請見下圖。

標準差：1倍→	本金準備：471,333	報酬率：573%	帳戶折損：83%	系統停損 391,333
單次虧：1.0%→	本金準備：1,793,964	報酬率：151%	帳戶折損：22%	
R期望值：0.50	獲利_平均R倍數：1.85	平均MaxDD 299,120	MDD標準差 92,213	

　　順便也看一下這全部資料的歷史回測。為什麼要說「順便」？因為絕大多數人都會看，看來做什麼？大概就是做一下美夢或者風險化報酬的評估。到這階段的回測績效表現，對於想要也敢於進入期貨市場投機交易的人來說，肯定是不能滿足的。

策略績效總結果

	所有交易	多單	空單
淨利	NT$2,669,000.00	NT$1,466,600.00	NT$1,202,400.00
毛利	NT$11,853,000.00	NT$6,129,400.00	NT$5,723,600.00
毛損	(NT$9,184,000.00)	(NT$4,662,800.00)	(NT$4,521,200.00)
調整後淨利	NT$1,652,350.40	NT$736,605.40	NT$493,052.80
調整後毛利	NT$11,236,791.90	NT$5,694,898.40	NT$5,285,905.40
調整後毛損	(NT$9,584,441.40)	(NT$4,958,292.90)	(NT$4,792,852.60)
特定淨利	NT$885,400.00	NT$947,400.00	(NT$62,000.00)
特定毛利	NT$6,841,200.00	NT$3,738,200.00	NT$3,103,000.00
特定毛損	(NT$5,955,800.00)	(NT$2,790,800.00)	(NT$3,165,000.00)
帳戶所需金額	NT$385,800.00	NT$581,400.00	NT$516,800.00
帳戶報酬	691.8%	252.3%	232.7%
初始資本報酬	266.9%	146.7%	120.2%
最大策略虧損	(NT$464,600.00)	(NT$630,400.00)	(NT$578,400.00)
最大策略虧損(%)	(14.1%)	(24.4%)	(23.8%)
最大平倉交易虧損	(NT$385,800.00)	(NT$581,400.00)	(NT$516,800.00)
最大平倉交易虧損(%)	(11.4%)	(22.9%)	(21.8%)
最大的策略虧損報酬	5.7	2.3	2.1
獲利因子	1.3	1.3	1.3
調整獲利因子	1.2	1.1	1.1

　　這時候，可以考慮讓策略回春術上場，看看是否能為這麼簡單的交易策略多多少少上點胭脂水粉，提高一點風險報酬比？下圖左半部是原本的，右半部是經過部位大小設定的，效果看來不錯。

策略績效總結果	固定口數	策略回春術
	所有交易	所有交易
淨利	NT$2,669,000.00	NT$6,610,200.00
毛利	NT$11,853,000.00	NT$22,542,600.00
毛損	(NT$9,184,000.00)	(NT$15,932,400.00)
調整後淨利	NT$1,652,350.40	NT$4,747,861.40
調整後毛利	NT$11,236,791.90	NT$21,369,079.10
調整後毛損	(NT$9,584,441.40)	(NT$16,621,217.70)
特定淨利	NT$885,400.00	NT$3,601,400.00
特定毛利	NT$6,841,200.00	NT$14,009,200.00
特定毛損	(NT$5,955,800.00)	(NT$10,407,800.00)
帳戶所需金額	NT$385,800.00	NT$585,600.00
帳戶報酬	691.8%	1128.8%
初始資本報酬	266.9%	661%
最大策略虧損	(NT$464,600.00)	(NT$692,400.00)
最大策略虧損 (%)	(14.1%)	(14.7%)
最大平倉交易虧損	(NT$385,800.00)	(NT$585,600.00)
最大平倉交易虧損 (%)	(11.4%)	(10.7%)
最大的策略虧損報酬	5.7 ←→	9.5
獲利因子	1.3	1.4
調整獲利因子	1.2	1.3
特定獲利因子	1.1	1.3
最大持有契約數量	1 ←→	3

經過部位大小設定幫原策略有效的提高風險化報酬後，若你能夠接受這個變化，那麼就要重新做一次系統上線前的停損設定（資金準備）。匯出有部位大小設定機制的交易策略的交易明細，產生新的系統停損金額。

標準差：1 倍 →	本金準備：1,078,594	報酬率：250%	帳戶折損：78%	系統停損
單次虧：1.0 % →	本金準備：1,953,964	報酬率：138%	帳戶折損：43%	838,594
R期望值：0.50	獲利_平均R倍數：4.08	平均MaxDD 560,440	MDD標準差 278,154	

上圖就是把這個CCI交易策略加上策略回春術之後所該有的

系統停損準備。當然，可能下單的口數從固定的一口變成多口的動態變化下，該準備的資金也對應上升。相同的交易規則，只不過是把下單部位大小隨市場的波動變化，就可以得到六成多風險化報酬的提升效應，事實就是：投機交易也是錢多好辦事啊。當你只有50萬，操作的績效（單口）的確就是比存到100萬去操作1～3口變化的績效要差，而多準備一倍的錢，所得到的效益卻是不只一倍咧！因此，就算你找到很滿意的交易策略也不需要急著下單交易，多存點錢會讓你更有優勢。

系統停損的金額確定之後，剩下的就是個人對自己的交易策略的信心與堅持，沒有發生系統停損之前，就相信交易策略依然有效，一旦發生也必須不可留戀的把策略下架。

當你對程式碼的編寫非常熟練之後，甚至連系統的停損都可以寫入程式碼內，配合全自動下單的機制，我想這就是把交易策略做到連資金控管都系統化了。

第六章
深入程式語法應用

交易策略

風險評估

市場波動

常用內建函數

⓪ 連續幾根K棒內的最大值：Highest(數值, 幾根)

Highest(Close, 13)：最近13K棒內最高的收盤價。

Highest(High, 13)：最近13K棒內最高的K棒高點。

Highest(RSI(C, 9), 13)：最近13K棒內最高RSI_9。

⓪ 連續幾根K棒內的最小值：Lowest(數值, 幾根)

用法如Highest。

⓪ 不同種數值的最大值：Max(數值1, 數值2, …)

Max(Close, High[1])：現在的收盤與上一根高點較大的。

Max(C[1], MA(C, 3))：上一根收盤與現在MA_3較大的。

Max(L[1], O, H[1])：上一根低點、現在的開盤、上一根的高點最大的。

⓪ 不同種數值的最小值：Min(數值1, 數值2, …)

用法如Max。

ⓛ 最近第N筆交易的部位方向：EntryType(N)

以1, -1表示多空的方向，1為多單、-1為空單。

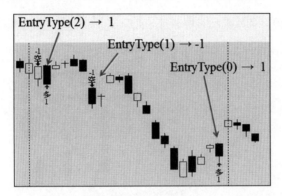

這會使用在當上次的交易是作多的話，可能因為停利或是停損的出場之後，不想再作多，堅持在下次的動作只等待作空條件的成立。

```
If 放空條件 and EntryType>=0 then
    Sell next bar Market
End if
```

🔖 目前部位的方向：MarketPosition

多單為1，空單為-1。目前部位的數量：CurrentContracts。多單1口為1，空單3口為-3。就是圖面上訊號的數量標示。

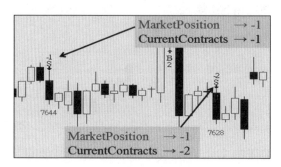

在實務的使用上，可以完全用CurrentContracts去取代MarketPosition，因為不管策略目前有幾口空單，CurrentContracts都會是負數，而MarketPosition也會是負數，所以用MarketPosition去判斷目前部位是多空方向都可以直接用CurrentContracts＜0或是CurrentContracts＞0來做判斷。

這只能在HTS的STS裡這樣用，在MultiCharts就不行。在MultiCharts裡CurrentContracts沒有方向，只有口數的多少。

ⓞ 最近第N筆的進場成本價：EntryPrice(N)

EntryPrice(0)是最近一次建立部位的成本價，包含仍然持有中的。EntryPrice(1)是上一次交易的成本價。這個函數通常用來停損或是停利之用。

```
If MarketPosition>0 then //停損50點
  ExitLong next bar EntryPrice(0)-50 stop
End if
```

```
If MarketPosition>0 then //停利150點
  ExitLong next bar EntryPrice(0)+150 limit
End if
```

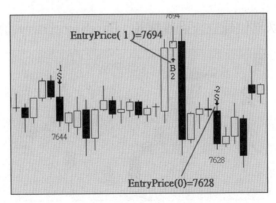

⟐ 最近第N筆的出場價：ExitPrice(N)

最近一次的出場價是 ExitPrice(0)。上一次的出場價則是 ExirPrice(1)。下圖中的最近一次出場是「B2」的出場（S2翻空）。

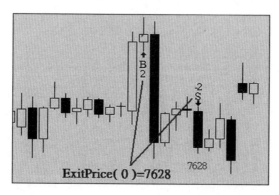

⟐ 最近第N次部位建立後過幾根 K：BarsSinceEntry(0)

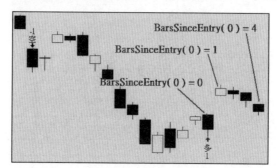

　　在《幽靈的禮物》一書中有一個方法是假設自己的進場都是錯的，必須要藉由市場的發展方向告訴自己這一次做對了，所以會定下進場一段時間後如果部位沒有產生獲利就離場。

//進場後第10根K時，沒有賺到10點以上就出場。

If MarketPosition>0 and BarsSinceEntry(0)=10 and

  Close<=EnytrPrice(0)+10 then

    ExitLong next bar Market

End if

⓪ 最近第N次部位出場後過幾根K：BarsSinceExit(0)

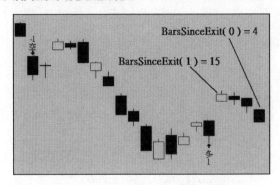

通常這用於限制出場後不想馬上再進場。

//買進多單必須在出場後的1根以上的K棒

If 買進條件 and BarsSinceExit(0)>1 then

    Buy next bar Market

End if

    不過要是把多空兩個方向都加上這樣必須在出場後幾根才能進場的話，會變成完全不會有進場的訊號，因為這個條件會永遠不能成立。

因此，堅持要這樣做的話，通常會用圖表的一開始就無條件建立個部位去製造第一個出場。

```
If BarNumber=1 the  Buy this bar Close
   ExitLong next bar Market
End if
Time vs Q_Time
```

在編寫程式的時候，我們常常會用K棒的時間去控制動作，而Time是K棒的結束時間，Q_Time則是盤中最新K棒的即時時間。從下圖，我做個Print去顯示每一根K棒的Time與Q_Time，並列在一起做為比較。

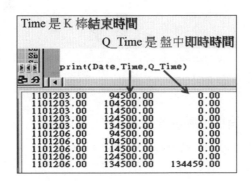

特別把這兩個內建字詞拉在一起做比較的意義在於，如果我們的交易策略是打算在每天的交易時間前進場的話，一般的程式作法是無法在現實中執行的。

比如，當5日均線往上交叉10日均線，在當天的收盤買進作

多，通常這樣的成交價位紀錄方式幾乎也都是各大媒體或書籍計算績效的方式，問題是，我們什麼時候可以確定今天真的是5日均線往上交叉10日均線呢？還記得本書的魔鬼績效製造法－This bar Market那篇嗎？因為當天所謂的收盤價要等到真正的收盤了，才能確定今天的5日均線與10日均線的各別數值，但是等到這個「確定」的收盤價出現了，請問：我的委託單要下到哪家期貨商才能成交？答案當然是沒有，沒有任何一家會接受一點四十五分的委託單，要不然怎麼叫收盤？

可是在策略中我又堅持要這樣做的話，只能採用相對幾乎確定的5日均線往上交叉10日均線的方式了。在下午一點四十四分五十五秒的時候去判斷當下是否有均線往上交叉？這個時候如果有往上交叉我們就當做今天收盤時會均線往上交叉，雖然有5秒鐘的變化風險，不過這是相對有效且安全的方式，畢竟現在的全自動下單，從訊號的發出到成交，5秒鐘的時間綽綽有餘了。

程式碼這麼做：

```
If 買進條件 and Time>=134455 and
   (Q_Time>=134455 or Q_Time=0) then
  Buy this bar Market
end if
```

　　是的，在這裡我用了This bar Market，這個在前面章節我諄諄告誡不要去使用的交易命令。因為我們為了要成交在當天的收盤價，所以當時的K棒必然是當天的最後一根K棒，如果把交易命令下在Next bar Market的話，那就是明天的開盤了。所以我們必須在這種特殊情形下使用「在13:44:55的時候如果當時買進條件已經成立，就馬上執行買進的動作」。而這是萬無一失的嗎？如果你有仔細看這一篇的話，很明顯，這的確不是萬無一失，會有從13:44:55到13:45:00長達5秒鐘的風險。

　　如果當天的最後一個收盤價位剛好發生大的變動，比如本來在13:44:55已經均線往上交叉，突然5秒鐘後，收盤價竟然往下跌了兩百點（故意誇張一點），造成事後看這一天沒有均線的往上交叉，那麼這個策略的交易訊號自然是不存在的，但是我們的多單部位卻是已經建立了，這就是風險所在。好險，絕大多數的時候，收盤前的這5秒鐘幾乎是沒有變化的。不過，堅持要在臨收盤前動作就是一定要有這種可能在邏輯上的風險觀念，要不就別做這樣的策略。

▌常見策略

本附錄的程式碼均採用HTS的STS，最後附上MultiCharts的版本以供對照。

▶ 大量K棒高低點突破

記錄過去100根以內最大交易量K棒的高低點，突破這個高點作多，跌破這個低點放空。

```
Parameter: Length (100) ;
VARS: i(0),高(0),低(0);


//以迴圈，循環對從現在往前推做比對，當第i根的成交量就是最
近i根最大成交量時，記錄這一根K棒的高點與低點。
FOR i=0 to Length -1
IF V[i]=Highest(V, Length) THEN
低 = L[i]
高 = H[i]
END IF
END FOR


If MarketPosition<=0 then//碰觸到前面記下的K棒高點作多
    Buy next bar 高 stop
```

```
end if

If MarketPosition>=0 then//碰觸到前面記下的K棒低點放空
    Sell next bar 低 stop
End if
```

```
MultiCharts 版：

Input: Length (100) ;
Vars: step(0), toBuy(0), toShort(0);

FOR step=0 to Length -1 begin
if V[step]=Highest(V, Length) then begin
toShort = L[step];
toBuy = H[step];
end;
END;

If MarketPosition<=0 then
Buy next bar toBuy stop;

If MarketPosition<=0 then
Sellshort next bar toShort stop;
```

▶ 以均線交叉定進出點

這個範例是以兩條均線的黃金交叉或是死亡交叉發生時，當根K棒的高低點作為買進或是放空點。不是在黃金交叉發生就買進，是在黃金交叉發生時記下發生交叉當根的高點，在其後如果發生收盤價站上這個記下的高點，才買進，放空則是反之。

```
Param:L1(5),L2(63);
Var:BuyPrice(999999),SellPrice(0);

//往上交叉時設定作多價為K棒高點，作空價歸零
if MA(C,L1) cross over MA(C,L2) then
BuyPrice= High;  SellPrice= 0;
end if

//往下交叉時設定作多價歸零，作空價為K棒低點
if MA(C,L1) cross under MA(C,L2) then
BuyPrice= 999999;  SellPrice= Low;
end if

if C > BuyPrice then//收盤價在作多價以上買進
Buy next bar at Market
end if
```

```
if C < SellPrice then//收盤價在作空價以下放空
Sell next bar at Market
end if
```

```
MultiCharts 版：

Input: L1(5), L2(63);
Vars: BuyPrice(999999),SellPrice(0);

if Average(C,L1) cross over Average(C,L2) then
begin
BuyPrice= High;    SellPrice= 0;
end;

if Average(C,L1) cross under Average(C,L2) then
begin
BuyPrice= 999999;    SellPrice= Low;
end;

if C > BuyPrice then
Buy next bar at Market;

if C < SellPrice then
Sellshort next bar at Market;
```

▶ 計分板型

　　這程式運用了KD、MACD、均線三種條件，當三種條件其中兩種符合就作多，當符合的條件降到一種以下就出場。這是採用計分制的方式，這樣的方式還可應用在其它方面，算是進階式的概念了。

```
Var: Count(0), flag1(0), flag2(0), flag3(0)

Value1= FastD( High, Low, Close, 9)//KD的D值
Value2 = MACD(Close, 12, 26) // MACD值

Flag1= iff(Value1>60, 1, 0) //KD的D值大於60得1分
Flag2= iff(Value2>0, 1, 0) //MACD值大於0得1分
Flag3= iff(Close>MA(C,10), 1, 0) //收盤價在均線上得1分

//把三個條件得分加總合計
Count= Flag1+Flag2+Flag3

//條件得分加總在2分以上作多
If MarketPosition<=0 and Count>=2 then
  Buy next bar Market
End if

//條件得分加總在-2分以下作空
If MarketPosition>0 and Count<=1 then
  ExitLong next bar Market
End if
```

```
MultiCharts 版：

Var: Count(0), flag1(0), flag2(0), flag3(0);

Value1= FastD(9);
Value2 = MACD(Close, 12, 26);

Flag1= iff(Value1>60, 1, 0);
Flag2= iff(Value2>0, 1, 0);
Flag3= iff(Close>Average(C,10), 1, 0);

Count= Flag1+Flag2+Flag3;

If MarketPosition<=0 and Count>=2 then
    Buy next bar Market;

If MarketPosition>0 and Count<=1 then
    Sell next bar Market;
```

▶ 指標背離型

　　擺盪指標如KD、RSI是很多人看盤、操作的必備指標，使用指標與價格之間產生背離去作為猜頭摸底的人也很多，所以我把這種模式放進附錄裡，讓有需要的人有個樣板可以模仿。有關背離這類的程式碼，通常對一般初學者來說是比較困難的，因為這就不是比較直覺式的描述。

　　首先我先講一下這個背離操作策略的定義與規則。擺盪指

標使用RSI_9，用變數Value1來記錄RSI_9的數值，在9根以內K棒有RSI_9達到70以上並且有兩次RSI值在70以上才算，接著，當收盤價創下9根以內的收盤價新高，而RSI指標沒有同步創下新高時，記下此時K棒的低點，未來只要價格碰觸這個低點就放空。

讓我們來逐步看看這樣的定義與規則要如何在程式碼去完成。

因為採用的擺盪指標是RSI，先用一個變數去儲存RSI_9的數值：

```
Value1=RSI(Close,9)
```

再來，我們要記錄RSI_9在9根以內有超過70以上兩次，因此需要使用迴圈來計算最近9根以內RSI值達到70以上的次數累計，因為這是每一次K棒新出現都要重新計算的，所以得把要記錄RSI在70以上次數的變數做歸零的動作，如下：

```
Value2=0

For i=1 to 9
  Value2=iff(Value1[i]>70, Value2+1, Value2)
End for
```

在以上的迴圈中，只要RSI_9到達70以上就對Value2做增加1的動作，因此這個Value2的數值實際上會是過去9K棒以內、RSI值在70以上的次數。

接著，當發生收盤在9根以內的收盤價最高，且RSI_9的值（Value1）低於9根以內的RSI值最高，也就是沒有創新高啦，並且記錄9根以內RSI值在70以上次數大於或等於2，我們要記錄此時的K棒低點放在變數toSell。

```
If C>=Highest(C,9) and Value1<Highest(Value1,9)
    and Value2>=2 then
  toSell = Low
End if
```

此時，這個變數toSell就是之後價格一旦往下點到就要放空的價位了。

```
If MarketPosition>=0 then
  Sell next bar toSell stop
End if
```

把到目前為止的程式碼加上變數的宣告整理一下。

```
Var: i(0), toSell(0)

Value1=RSI(Close,9)
Value2=0

For i=1 to 9
    Value2=iff(Value1[i]>70, Value2+1, Value2)
End for

If C>=Highest(C,9) and Value1<Highest(Value1,9)
        and Value2>=2 then
    toSell = Low
End if


if MarketPosition>=0 then
    Sell next bar toSell stop
end if
```

這個時候已經可以產生買賣訊號了。

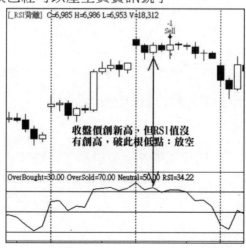

[_RSI背離] C=6,985 H=6,986 L=6,953 V=18,312

-1
Sell

收盤價創新高，但RSI值沒
有創高，破此根低點：放空

OverBought=30.00 OverSold=70.00 Neutral=50.00 RSI=34.22

　　只不過，這樣只有放空的進場，沒有出場或是翻多的動作條件，你可以自行加上停損或是停利，又或是直接用這個放空的條件動作去做相反地讓收盤價破新低但RSI沒破低的買進作多。

　　後面這張圖很可能就是為什麼擺盪指標背離的買賣訊號讓很多人著迷去努力研究的原因了：

　　不過如果你真的只是把作空的動作，去做個對向的依樣畫葫蘆的話，我想你會很沮喪的看到這個：

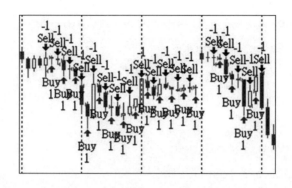

　　因為如果你只是把程式碼改成如下這樣的話：

```
Var: i(0), toSell(0), toBuy(99999)

Value1=RSI(Close,9)
Value2=0
Value3=0

For i=1 to 9
  Value2=iff(Value1[i]>70, Value2+1, Value2)
  Value3=iff(Value1[i]<30, Value3+1, Value3)
End for

If C>=Highest(C,9) and Value1<Highest(Value1,9)
    and Value2>=2 then
  toSell = Low
End if
```

```
If C<=Lowest(C,9) and Value1>Lowest(Value1,9)
      and Value3<=2 then
   toBuy = High
End if

if MarketPosition>=0 then
   Sell next bar toSell stop
end if
if MarketPosition<=0 then
   Buy next bar toBuy stop
end if
```

　　可能就會因為要作多與作空的觸發價非常靠近，甚至作多的價格比作空的價格還低，那每一根K棒當然就都觸碰到兩邊的動作價，交易訊號也就翻過來翻過去了。

　　所以，這時候還需要一個步驟，當已經建立多單的時候，把要作多的觸發價格調整到一個不可能碰到的位置，等待下次又符合價破低、指標不破低的時候，才把作多觸發價記錄回來。

　　當然，作空的觸發價也要比照辦理，當已經建立空單的時候，把要放空的觸發價格調整到一個不可能碰到的位置，等待下次又符合價過高、指標不過高的時候，才把放空觸發價記錄起來。

```
Var: i(0), toSell(0), toBuy(99999)

Value1=RSI(Close,9)
Value2=0
Value3=0

For i=1 to 9
   Value2=iff(Value1[i]>70, Value2+1, Value2)
   Value3=iff(Value1[i]<30, Value3+1, Value3)
End for
```

```
If C>=Highest(C,9) and Value1<Highest(Value1,9)
      and Value2>=2 then
   toSell = Low
End if

If C<=Lowest(C,9) and Value1>Lowest(Value1,9)
      and Value3<=2 then
   toBuy = High
End if

if MarketPosition>=0 then
   Sell next bar toSell stop
end if

if MarketPosition<=0 then
   Buy next bar toBuy stop
end if

if BarsSinceEntry(0)=0 then
   toBuy=iff(MarketPosition>0, 99999, toBuy)
   toSell=iff(MarketPosition<0, 0, toSell)
end if
```

```
MultiCharts 版：

Var: step(0), toShort(0), toBuy(999999);;

Value1=RSI(Close,9); Value2=0; Value3=0;

For step=1 to 9 begin
    Value2=iff(Value1[step]>70, Value2+1, Value2);
    Value3=iff(Value1[step]<30, Value3+1, Value3);
End;

If C>=Highest(C,9) and Value1<Highest(Value1,9)
        and Value2>=2 then
    toShort = Low;
If C<=Lowest(C,9) and Value1>Lowest(Value1,9)
        and Value3<=2 then
    toBuy = High;

if MarketPosition>=0 then
    Sellshort next bar toShort stop;
if MarketPosition<=0 then
    Buy next bar toBuy stop;

if BarsSinceEntry=0 then begin
    toBuy=iff(MarketPosition>0, 99999, toBuy);
    toShort=iff(MarketPosition<0, 0, toShort);
end;
```

▼ 實用技巧

▶ 在圖表上顯示訊號的進出場價位

我們寫好的交易策略程式碼放在圖表上運作的時候，其實只有在K棒上面標示著在哪一根買進、賣出而已，雖然在K棒上面會有一個小小三角形指著進出點的位置，但是我想，沒有幾個人有那麼好的眼力，看著那小小的三角形就可以知道是在哪個價位做的動作。然而比對交易訊號與實際成交是例行的評估工作，評估當真實執行的時候，回測階段所設定的交易成本是否合理？即使本書告訴你，請設定6點為每一口的進出交易成本。

```
Value99=MarketPosition;

if Value99<>Value99[1] then
    Value98=TXT_New(D, T, iff(Value99>Value99[1], H-1,
L+1),"");

    TXT_SetString(Value98,
iff(Value99>Value99[1],NumToStr(iff(Value99=0,ExitPrice(0),
EntryPrice(0)),0)+"|n","|n"+NumToStr(iff(Value99=0,ExitPri
ce(0),EntryPrice(0)),0)));

    TXT_SetStyle(Value98, 2, iff(Value99>Value99[1], 1, 0));

    TXT_SetColor(Value98, DarkCyan);
```

把上面這段程式碼放到你交易程式的最下方，將可以得到這樣的效果，這樣是不是方便、易讀多啦！

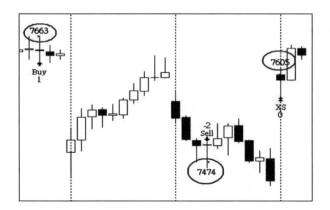

如果你用的軟體是MultiCharts的話，那程式碼：

```
Value99=MarketPosition;
if Value99<>Value99[1] then begin
  Value98=TEXT_New(Date , Time,
iff(Value99>Value99[1], H+10, L-10),"");
  TEXT_SetString(Value98,
NumToStr(iff(Value99=0,ExitPrice(1),EntryPrice
(0)),0));
  TEXT_SetStyle(Value98, 2, 2);
  TEXT_SetColor(Value98, White);
  TEXT_SetBGcolor(Value98, Blue);
```

▶ 在圖表上顯示套用的策略名稱

當我們手上的策略越來越多，也許同時運作的交易策略甚至有5支、10支以上，如果圖表上沒有顯示交易策略的名稱，其實還滿令人困擾的。這項功能在HTS上沒有什麼問題，只要如下這樣勾選就可以。

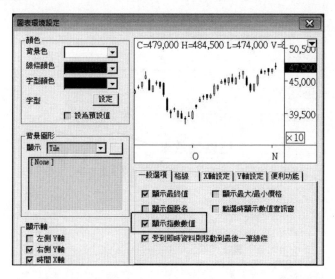

但是程式交易功能更為強大的MultiCharts竟然在這個小小的監管需求無法滿足，簡直不可思議，不過我們還是可以自己克服這問題。以下的程式碼一樣也是貼到交易程式的最後。

```
if D=LastCalcDate and T=LastCalcTime then begin
  text_delete(Value95[1]);
  Value95=TEXT_New(D, 0915,
maxlist(HighD(0),HighD(1))*1.003,"");
  TEXT_SetString(Value95,getstrategyname);
  TEXT_SetStyle(Value95, iff(T<=1315,1,0), 1);
  TEXT_SetColor(Value95, Red);
  TEXT_SetBGcolor(Value95, White);
  TEXT_Setattribute(Value95,1,true);
  TEXT_SetSize(Value95,11);
end;
```

那效果呢？

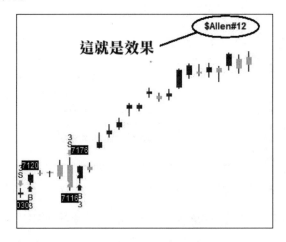

▐ 把交易策略訊號對外輸出

要用這個東西的時候，其實是你已經把程式交易所有東西都做好了，當然包含上一章的「為策略寫下生死簿」，也就是，這是程式真的要開始上線交易、去拼個真金白銀的輸贏才用得到的。

台灣政府目前對於程式交易已經制定了管理辦法，但是實際上卻又不讓券商、期貨商把真正的「全自動交易」這個動作內建到各家的軟體裡面。只是，如果缺乏了全自動下單這部份，即使已經在上線前做好了各項評估，恐怕盤中仍無時不刻要面對人性的考驗。

在這裡我只是把現在已經可以做到的事情揭露出來，哪天當你真的要進入全自動下單時就用得上了。不過，在此我不直接說明是採用哪一家的軟體，畢竟我不是要幫人家廣告，就算是我也有在使用。

在HTS上，把以下這段程式碼放到策略的最下方：

```
if D=LastCalcDate and T=LastCalcTime then
FileDelete("C:\My.txt")
FileAppend("C:\My.txt", cDate(D)+cTime(Q_Time)
       +","+NumToStr(CurrentContracts,0)+","+
       NumToStr(C,0))
end if
```

　　將交易策略套用到圖表上後，可以看到電腦的硬碟裡有這個文字檔出現，以及該文字檔的內容，裡面的內容依序是最新K棒的日期、即時時間、策略部位（含方向與數量）、現在的報價。

　　透過這個文字檔，市面上就有不少下單機的軟體可以做到全自動下單的真實運作，也因此，下單機有支援的期貨商你都可以作業了。

　　以上這個範例，我讓文字檔的產生放在硬碟C，實際上因為傳統硬碟的物理極限，會有寫入、讀取反應不夠快的問題，也可能因為盤中高頻率（一秒4個Tick，一天就有4*60*60*50＝72萬次）的讀寫造成硬碟壽命縮短，我們都是在RAMDISK上運作這個部份的。

第七章
實戰經驗

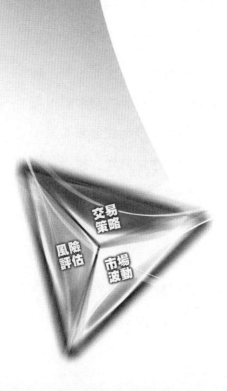

當沖或波段之我見

近年來，或許是台股的特性，每天開盤距離昨天收盤的位置，呈現大跳空的狀況屢見不鮮，甚至都快要可以把大跳空當做是常態了。對於期貨的投機交易來說，一開盤就出現大跳空就代表昨夜留下的部位方向一開盤不是中獎就是關門放狗，而因為台股的這個現象，讓非常多的一般大眾對於波段（留倉）的交易方式視如畏途，一句話，風險太大了！因而有越來越多的單位舉辦交易競賽、出版著作，教導大家每天收盤不留倉過夜的日內交易（當沖不留倉）的投機方式，於是當沖就越來越受到一般大眾的喜愛了。

有人這麼說：「天天賺十點，快樂一整年」。然而，天天賺十點真的有如我們想像中容易嗎？畢竟，幾乎每天的盤中震盪幅度都有個三、五十點以上，甚至上百點的也很多，我要求的又不多，賣的價格比低的價格扣去交易成本多個十點就好，難道這麼卑微的願望也難以達成嗎？問問自己，你做到了嗎？一年過去、兩年過去（絕大多數人連三個月都活不過），帳戶裡的總歷史權益是正值還是負值？

我先提個友人提過的一個感覺上很穩賺的交易方式做為參考：每天一開盤的時候，就用開盤價往上加10點掛賣出單，開盤

價往下減10點掛買進單，當沖單去掛單（如此就有絕對不會留倉的保證），然後就不管了。這有什麼效果？在一整天的震盪過程中，只要全日的最高價大於開盤價加10點，最低價小於開盤價減10點，我們掛出的這兩張限價單都會成交，這一天，價差上就賺到20點了，而且因為是限價單不會有滑價，只需要扣交易稅及手續費就行，實拿個17點總是有的。這個方法是不是比「天天賺十點」還好，而且也不需要什麼程式碼編寫的能力，只要開盤後把單子掛出去就好，因為掛的是當沖單，就算有沒成交的單子（不管哪一邊），當天收盤前也會被期貨商強制平倉。想一下，每一個交易日只要當天的高點比開盤價加10點高，低點比開盤價減10點低，我就穩賺17點喔！而每一個交易日幾乎都有這個震盪幅度吧？這是不是一個超好賺的方式？花一點錢買本書就教給你這個秘技了耶！

當然，講程式交易的書是不會就這樣開頭沒尾的，我寫了個簡單的程式碼來對這樣的想法做測試，只是做一點回測而已，這可不能拿去交易的。如下：

```
input:Way(0);

if Time= sessionendtime(0,1) then begin
  Value1= (Open tomorrow) + 10;
  Value2= (Open tomorrow) - 10;
end;

if EntriesToday(date)<1 and Way=-1 then
  Sellshort next bar Value1 limit;
if EntriesToday(date)<1 and Way=1 then
  Buy next bar Value2 limit;

setprofittarget(20*200);
setexitonclose;
```

把作多與作空分開測試，一樣都是停利20點，只要把兩個方向的交易績效加起來，大約就可以窺探這個作法究竟有沒有搞頭了，畢竟這實在是一個很簡單也很單純的想法，而且要的也不多，是吧。

作多，一句話：賠錢。

策略績效總結果			
	所有交易	多單	空單
淨利	(NT$1,476,200.00)	(NT$1,476,200.00)	n/a
毛利	NT$6,621,400.00	NT$6,621,400.00	n/a
毛損	(NT$8,097,600.00)	(NT$8,097,600.00)	n/a
調整後淨利	(NT$1,963,290.80)	(NT$1,963,290.80)	n/a
調整後毛利	NT$6,460,570.80	NT$6,460,570.80	n/a
調整後毛損	(NT$8,423,861.60)	(NT$8,423,861.60)	n/a

那麼作空呢？還是賠錢。

策略績效總結果			
	所有交易	多單	空單
淨利	(NT$1,024,400.00)	n/a	(NT$1,024,400.00)
毛利	NT$6,707,400.00	n/a	NT$6,707,400.00
毛損	(NT$7,731,800.00)	n/a	(NT$7,731,800.00)
調整後淨利	(NT$1,502,156.60)	n/a	(NT$1,502,156.60)
調整後毛利	NT$6,545,292.80	n/a	NT$6,545,292.80
調整後毛損	(NT$8,047,449.40)	n/a	(NT$8,047,449.40)
特定淨利	NT$1,857,400.00	n/a	NT$1,857,400.00

我想，應該是沒有必要去把兩邊的交易成果加總起來，計算從2001年到現在，用這樣的方法去當沖會虧掉多少錢了。其實，這個方式的勝率是非常高的，但是長期交易下來卻會是虧損的。這也可以留給讀者去思考：勝率對交易的成果，到底有多重要？強調八、九成的勝率很重要、很厲害嗎？「天天賺十點，快樂一整年」到底是否容易？直接講，我真的比較笨，我做不到但很希望你可以，最好可以撥空來我的Blog分享一下你的當沖喜悅。

回頭想一下，幾乎所有我們開始接觸交易的方法，其實都不是當沖的，大部份書籍提的交易方法還是以波段為主，然而，通常就是幾次大跳空而自己剛好很衰的站錯邊的恐懼陰影，讓越來越多人選擇當沖。這是不是一種為苦怕難？是不是也是一種其實就是自己想要高度使用財務槓桿，所做的不得不的選擇？

不知道真正有在從事台指期貨當沖的朋友，是否有感覺近幾

年盤中價格移動的狀態變得越來越難處理？當盤勢沒有明顯方向的時候，價格的跳動靜如止水，這時候我們有充分的時間去慢慢建立部位，等待自己預期的方向發動，如果後來盤勢真的有單方向性的移動出現，自己很衰的又站錯邊，此時停損的即時執行就非常重要了。

而最近幾年在盤中發現部位方向錯誤、要執行停損的困難在於：速度，盤勢的速度。在盤中，就我的觀察，價格不大動的時候節奏非常緩慢，而一旦有價格上的小波段移動卻又是非常、非常的快，快到要以人工盯盤去交易的反應速度（從眼睛進大腦再到手指頭），很難跟得上那樣的噴出速度，不管是往上噴還是往下噴。

以下，我分別用1分鐘線與10秒鐘線做了一下從2001年以來，K棒最高減最低（振幅）點數的統計。

下表是1分鐘線的，表上可以看到1分鐘線高低差10點的振幅，在2001年是2328根，2007年之後數量明顯比過去多了。1分鐘線的振幅10點應該還不算是快市，那麼1分鐘線振幅30點呢？2001年到2003年都在100次以下，2007年之後除了2010年，都在200次以上，一年的交易日也不過220天，這顯示，近幾年幾乎是天天有快市。如果需要停損的那次就是快市的時候，請自己

想一下，對於當沖通常是擷取小段價差去積沙成塔的交易模式來說，這會是多大的傷害？你是用5分鐘或是更短的圖表在交易嗎？

1min	10	20	30	40	50
2001	2328	218	51	12	7
2002	2607	229	57	19	9
2003	1581	113	32	11	5
2004	4173	594	150	62	33
2005	592	21	4	2	1
2006	2641	171	29	11	5
2007	9034	1121	214	51	19
2008	17928	2261	438	110	48
2009	8551	1007	219	67	30
2010	4165	374	55	14	3
2011	7653	1001	244	71	33

下表統計的10秒鐘K棒的列表，請多注意觀察10秒鐘振幅達到15點以上的，這對人工判斷再去交易來說，可就是不折不扣的快市了。獲利的時候，通常抓個5點、10點就想跑，還得被扣交易成本，但是要停損的時候卻常常因為快市，想讓虧損控制在2、3點越來越困難。我認為作為一位當沖客，絕對需要好好思考這個盤勢速度現象的對策。

10sec	5	10	15	20	25
2001	3	0	0	0	0
2002	8865	951	290	115	63
2003	9666	1044	279	102	69
2004	18985	2858	935	410	228
2005	2548	152	25	6	4
2006	7687	589	132	55	24
2007	25924	2657	568	184	88
2008	52384	5088	939	309	161
2009	24676	2390	472	148	72
2010	11084	916	169	42	16
2011	22836	3054	766	266	111

再談談目前就我所知的國內交易環境，一般大眾與一些特定人（包含法人）在軍事設備（當沖視同作戰）上的差異。在家交易的人，通常不外乎採用券商/期貨商提供的交易軟體接收報價產生圖表，以作為交易決策，不論是否採用程式交易。

報價資料的產生，是從期交所傳出成交價與成交量的Tick資料到報價服務供應商（券商其實不見得有跟期交所買報價），由報價服務供應商把Tick資料傳送到券商/期貨商，券商/期貨商把接收到的報價資料「整理」過後，再傳送到你我的電腦以產生圖表。在券商/期貨商整理資料的過程需要耗費多少時間，就看各家願意做多少投資了，我的經驗是差異還不小。

當我們判斷完圖表上的資訊，做好交易決策之後，才送出交易命令到券商/期貨商，經過他們的風險控管查核後送單到期交所去撮合。描述這段過程，我只是想表達，一般大眾在家裡用人

工判斷做當沖的人，其實很仰賴交易反應的速度，但是最基礎的
報價，真的沒有你我想像中的「即時」。換言之，每次做出的交
易決策，到真正成交的價位，所謂的「滑價」是越來越高的，現
實狀況就是如此。

有程式交易開發經驗的人都知道，當沖交易策略的設計，幾
乎都沒有辦法容忍高一點的交易成本預算，波段式交易容忍每口
一趟10點的交易成本（含稅、手續費與滑價）通常還能有正數的
期望值，但是多數的當沖策略，其實把交易成本設到5點以上，
恐怕那用來預期報酬的期望值就不堪入目了。

然而，現實的交易環境若想要應付滑價的真實狀況，恐怕交
易成本設定一趟在4點以上會是必要的。如此一來，我們自己以
為長期做下去可以獲利的交易方式，恐怕很難有好的成果，又如
果未來快市發生的頻率越來越高呢？

現在有不少人認為因為國內程式交易的比率不斷提高，快市
的發生越來越頻繁。看看國外，聽說整體交易總額由程式交易所
驅動的比率高達70%以上，耳聞國內約莫還在30%，當然我相信
這30%之中其實很少是一般大眾的交易。如果程式交易占整體交
易總額的比率越高，真的會讓快市發生的頻率越來越高，目前統
計到的快市已經如此，那當國內程式交易占整體交易的比率從

30%拉高到70%的時候，會是怎樣的景況？

　　總結一下，當沖交易講究的是日內多次的交易次數，以聚沙成塔的過程去累積獲利，但在交易的軍備上卻輸人多多，因而成為速度上的弱勢。坦白講，光是在家做程式交易，從交易決策形成到成交速度都快過人工盯盤很多。而市場的交易比率從國外經驗來看，程式交易會是不斷增長的趨勢，國內也會越來越高。那麼，可以預期的是，當沖所倚賴的反應速度，肯定會在交易用的設備上與程式交易比率的提高之下，讓一般散戶越來越弱勢。

　　不論做什麼事，我有個觀念，外在的現實環境是我無法改變的，但是我可以有選擇戰場的智慧。投機交易就是希望能取得獲利，你有沒有必要一定要往一個會讓自己的條件越來越顯得弱勢的戰場去？

　　波段式的交易策略對於盤中突如其來的快速價格震盪，多半比較具有耐受性，亦即耐震度比較高，可以因為決策速度的緩慢，而把常常出現的忽上忽下的快速震盪當做雜訊忽略掉，從而減少需要在速度上做競爭的弱勢。只要做好資金使用的控管，降低財務槓桿的使用，我認為波段式的交易會比當沖交易有更大的存活與獲利機會。

　　也許你會說：「要留倉就要準備很多錢啊，聽說做一口大台

要準備個四、五十萬去跟它耗耶，我哪有那麼多錢！」如果真的是這個原因的話，我有兩個建議，一是改用小契約，做大台的改做小台，槓桿馬上降低到四分之一，而且還有可能可以採用部位大小設定機制的策略回春術，提高在交易策略上的優勢。另外一個建議就是不要交易，手邊沒錢，就表示沒有足夠的風險性資金，在這個情況下，要說自己能有多少心境上的穩定素質，根本是自我欺騙，不如好好工作想辦法存錢，讓可用來作為交易的風險性資金夠多了才交易。

優勢的建立已經不容易，千萬不要硬把自己往更顯弱勢的戰場推！

交易成敗的關鍵

「交易一直都是交易，交易所要面對與克服的問題幾乎都一樣，不會因為使用的工具不同而有多大的差異。」我常常這麼跟程式交易的同好們說。

非工科出身的人，要進入程式交易的世界相對困難，因為有一個編寫程式碼的門檻在那邊。之前的教學經驗真的讓我有這樣的感受，曾經受過一些邏輯訓練的人，的確比較容易進入程式交

易的世界，而沒有接觸過程式的人，的確也會倍感辛苦。好在，那段辛苦也不過就是前半年而已，只要你真的有心要往這條路走。

然而擅長或是熟稔編寫程式碼的人，真的有比較高的交易勝算嗎？以我目前所看到的，並沒有。已經對程式碼編寫很熟的人，往往會落入創造美麗歷史回測績效的陷阱，而且多年無法自拔，甚至覺得「回測十年能賺八百萬的程式都賺不到錢了，回測只有三百萬的程式怎麼能用？」，很妙的是，也許就真的是回測比較差的東西反而賺得到錢。

這裡面所反應的問題是同一個——心態。人性的貪婪，獲利時歸功自己、虧損時推諉外界，最需要檢討的其實不是別的，恰恰就是自己而已。過度的獲利幻想、太低的虧損承受力，才是真正導致交易失敗的關鍵，而這個，沒有自覺是無法得救的。

人的情緒在交易的過程一直扮演著破壞的角色，它很少、很少、非常少能為交易成果提供助益。講個我認識的朋友所發生的故事來詮釋我想表達的。楚狂人與H君，這兩位都是在幾年前就認識，也都從事期貨程式交易。

印象中，楚狂人大約是2008年買了一部雙B的休旅車，作為對自己期貨交易成果的犒賞。我還記得那時候他在網路上貼了這

部要價三百萬以上的汽車開箱文，引來一片撻伐與「沒什麼了不起」的回應，其實這沒有什麼，台灣多的是見不得人家好的心態，我想講的是，根據我的了解，這部車的確是他期貨程式交易獲利的自我獎賞。

如果因此以為楚狂人的交易程式是一等一，是好強、好準的交易策略才能賺到一部雙B的話，至少，以他使用的程式表現來看，絕對遜色於多數網路上比拼回測報表績效的神人們。

我記得，這些年他的程式實際交易所發生的績效回挫將近一千八百點的應該有兩次，一千八百點是什麼意思？就是每下一口單不管是虧掉還是從已經取得的獲利吐出三十六萬來，換言之，要是你手上也有這隻程式，運氣不好跟到績效高點的回挫過程，一口單賠掉三十六萬，你撐得住嗎？撐過一次，再來一次呢？拜託，光是開發交易策略的階段看到MaxDrawDown有超過三十六萬就想辦法修到低於二十萬的人比比皆是，何況是在真實交易中發生虧損三十六萬！

我問他：「我要把你的這個故事寫到書裡面，你可以講講你是怎麼撐過去的嗎？」「沒什麼啊，做之前就把預備要虧損的錢準備好就好啦」楚狂人這麼回答我。當下，我只說：「就這樣講喔？」我們會心一笑。

　　另外一位H君，當年在一場聚會上認識，後來陸續見過幾次面，他自己的程式績效實在是讓我們一群同是程式交易的天涯淪落人羨慕到流口水。

　　不諱言，當年我的確看著他的訊號紀錄去研究，這傢伙的程式邏輯到底是怎樣的？一年之中，在留倉的跳空缺口站對邊的機率超過六成以上，兩年之內所創造的獲利績效，我想只能用瞠目結舌來形容。更厲害的是，這期間發生的績效回挫連一千點都不到，兩年內的風險報酬是10倍以上！對我來說，這簡直就是神蹟啊。

　　然而，真實的世界，H君是不是真的用這有如神蹟一般交易程式，賺到讓人做夢也會笑的績效呢？如果他也賺到這些錢的話，我想故事就沒有什麼好講的了。

　　H君曾經問我：「我看你的交易紀錄也有超過一千五百點的耶，你是怎麼撐過去的？」我：「沒什麼，那在程式上線之前就已經規劃好的啊」當時我訝異他為何這麼問。原來H君在這趟神奇的萬點獲利之旅，並沒有真的賺到這些績效，相反地，很可能還因為這程式的訊號，在真實的交易上是虧損的？（這是我從一些片段消息上猜測的。）

　　如果讀者覺得這差異也太大了，那我會說，這才是多數人的

交易真實情況。人在什麼時候會對自己的交易策略有信心？一是真的賺到錢，二是在模擬的過程看著記錄的績效屢屢創新高，這時候往往也就是我們真的會把錢拿出來真的去執行的時候。而這個時候的心態其實是很致命的。

看著交易策略（程式）績效屢屢創新高而產生的信心，其實是忽略了不管人或交易策略都會有的對市場預測錯誤的時候。換言之，績效是會回挫的，而當績效回挫的時候，直接就打擊了跟單執行策略的我們，為什麼？很簡單，帳戶裡的虧損是真實的，但程式績效的創新高我卻沒參與到！這就造成了認知與真實上的落差，也許這時候發生的績效回挫，連過去歷史上的最大回挫的一半都不到咧，也就是說，根本不能判斷這個策略已經失效了。

當年H君就在程式績效創新高時產生信心，把錢投入，很快就碰到績效回挫而真實受傷，於是趕快縮手的停止下單，然後過一陣子再看到程式的績效又創新高，再產生信心的又把錢投入去執行。如此的輪迴之中，程式績效創新高沒他的份，績效回挫時的損失卻是挨得結實，而交易程式的點位紀錄卻是兩年創造萬點的獲利，這是何等的悲哀？我不想說程式交易創新高去開始跟單是錯的，因為問題不在這裡。

多數非程式交易的人，對自己的交易方法根本沒有經過清楚

的定義與量化,當然就沒有所謂最基本的歷史驗證,交易成果的問題到底出在哪裡,根本無從檢討起。以程式交易做為交易工具的人多了量化的過程,也能夠從歷史上去驗證自己想用的交易方法在過去是否可以賺到錢?但是這卻不是交易成敗的關鍵。

透過上面兩位友人的故事做對照,不知道你有沒有一點體會?未來,真正實際把資金投入交易時,成敗的關鍵就在事前的評估做得夠不夠,以及真實執行承受帳戶損益的時候,是否按照當初評估時的計畫在做?通常,這又與個人的生活背景有莫大的關係了。

穩定的生活、風險性資金與事前的評估,
我認為會是交易最最重要的成敗關鍵!

交易本身是投機的,獲利是需要市場賞賜的,沒有波動就沒有獲利的機會,市場不給,你不能搶。然而生活上的大小支出卻是穩定的,吃飯要錢、穿衣要錢、水電要錢、小孩的教育也要錢,所有的食衣住行無一不花錢。如果你打算依賴交易成為你收入的唯一來源,我勸你真的千萬不要這樣做。

學會程式交易,繼續工作賺取日常所需的生活開銷,盡量儲存足夠的風險性資金,什麼是風險性資金?就是虧光了你也不必擔心下一餐飯在哪裡的錢。賠錢沒有不痛心的,但是別讓交易上

的短暫虧損迫使你中斷交易的執行。此外，不管你手上的交易策略看起來多麼優秀，絕對不要借貸去投入。

交易的獲利從來沒有穩定兩個字，但是本息攤還可是穩定的很。只要交易狀況稍有不順，不要高估自己的抗壓能力，人性是不值得挑戰的。

不要妄想一夜致富。透過交易策略的事前回測，遵守開發流程，降低歷史資料過度最佳化的風險，設定並且切實的把策略停損作為堅持策略有效的信心與損失控制。

讓交易策略只是你投機事業的一個員工，給它犯錯的空間，但是超過犯錯的空間就毫不留情的開除它。交易策略到最後甚至不是自己開發的都無所謂了，我想沒有一個公司為了找到一位優秀的員工，就自己去生養個小孩、從頭教育起吧。

只要可以真正掌握好各個交易策略的上線與下架的流程，就是擔任自己的基金管理人了。

結語

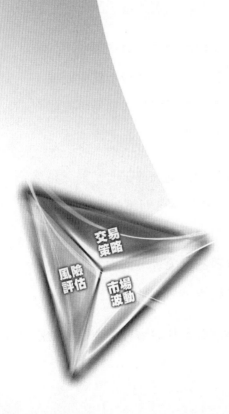

交易策略

風險評估 市場波動

台灣的金融市場，還是以股票操作為最大族群，期貨交易是小眾，以程式交易去操作期貨更是小眾中的小眾。雖然前一本書出版已經過了三、四年，但如果沒有近來軟體商、券商願意在程式交易這方面做一些介紹，我想，台灣的散戶在工具使用上其實不會有什麼變化。

眼見所及，已經越來越多人聽過程式交易，但就只是聽過，而所謂的「聽過」恐怕還不是指正常的學習管道，更多的是一些地下活動的行銷伎倆，這些只會讓一般大眾對程式交易「只是騙人的、講得很漂亮下單卻根本不行」的污名更加重而已。

本書許多內容其實都不是我的發現或創見，而是吸收了好多前輩的討論與各種理論後，參和我自己的交易經驗所貫通而成。我盡量以有系統的方式介紹出來，讓大家了解程式交易與普羅大眾的交易方式到底有什麼根本上的差異與作法？

希望這本書所傳達的觀念與知識能夠真的導正大家對交易這件事的態度，把交易當成一個事業來看待，而不是哪個老師報個明牌就衝進去。貪念人人都有，但是被貪念利用卻是自己造成的，即使是散戶也都不是活該被坑殺的對象，但真的發生被坑殺的事件，哪一件不是「你情我願自己笨」？

每個人對事業的經營都會在事前做足評估，有多大的成功機

會？如果發生意外狀況有幾種應對的方法？要準備多少資金？需要什麼樣的資源？如何去運作？等等要準備的事情非常多，交易也是如此。

真的把錢放進交易帳戶裡，準備要開始下單之前，請誠實地問問自己，你到底做了多少準備？你知道你將要怎麼操作嗎？要用來操作的方式能賺錢嗎？賠錢的話怎麼處理？如果一直賠又有沒有什麼應對？如果都沒有，你只是聽著不知道哪邊來的神祕指示去買進賣出，那跟請鬼開藥單有什麼差別？

不要再抱怨哪個政黨害你套牢、誰又騙你去買哪家股票，把交易的失敗推給別人了！自己得負起所有的責任，因為這是個公平的市場，沒有人押著你買進或賣出，一切都是自己決定的。

程式交易不是一條輕鬆的路，在最剛開始入門的程式語法學習很可能就有很大的挫折感，那的確不是容易克服的一關。不過請想想，在過去一段日子的交易過後，你賠了多少錢？賠的那些錢讓你學到什麼？學會了程式碼編寫後，至少我們就不會再被天花亂墜的話術所騙。如果我自己已經有夠大的資本，我的交易方法也真的有效，我幹嘛要花錢請行政人員或業務人員買廣告時段，只為了拯救散戶？這合理嗎？

自己掌握了編寫程式能力後，遵循本書的策略開發的流程，

不要欺騙自己，一旦哪天真的開發出一個有效交易策略，放一部電腦全自動運作，讓它在你的規劃下切實地動作，你可以一樣去上班，一點都不妨礙大家眼中的正常工作，有一個全年不會抱怨的員工，這不就是所謂的被動式收入嗎？這就是你夢想中的投資，不是嗎！

國家圖書館出版品預行編目資料

期貨程式交易 SOP / 曾永政著. -- 初版. -- 新北
市：聚財資訊，2012.04
面 ； 公分. --（聚財網叢書 ； A074）

ISBN 978-986-6366-44-4（平裝）

1.期貨交易 2.投資分析

563.5 101002950

聚財網叢書 A074

期貨程式交易 SOP

作　　者	曾永政
總 編 輯	莊鳳玉
編　　校	高怡卿‧黃筱瑋
設　　計	陳媚鈴

出 版 者	聚財資訊股份有限公司
地　　址	23557 新北市中和區板南路653號18樓
電　　話	(02) 8228-7755
傳　　真	(02) 8228-7757

法律顧問	萬業法律事務所　湯明亮 律師

軟體提供	日盛證券 HTS行情報價系統
	凱衛資訊 MultiCharts

總 經 銷	聯合發行股份有限公司
地　　址	231 新北市新店區寶橋路235巷6弄6號2樓
電　　話	(02) 2917-8022
傳　　真	(02) 2915-6275
訂書專線	(02) 2917-8022

ISBN-13	978-986-6366-44-4
版　　次	2012年4月初版
定　　價	300 元

聚財點數 100點

編號： M79502

開啟碼：

開啟聚財點數說明及使用方式
請至 http://www.wearn.com/open/

客服專線 02-82287755
聚財網 wearn.com - 聚財資訊